Soluciones logísticas para optimizar la cadena de suministro

Francisco Álvarez Ochoa

Con la colaboración de:

www.logisnet.com

Colección: Biblioteca de Logística
Director: David Soler

Soluciones logísticas para optimizar
la cadena de suministro
1.ª edición, 2011
2.ª edición, 2015

© 2011, Francisco Álvarez Ochoa
© de esta edición, incluido el diseño de la cubierta,
   ICG Marge, SL

Edita: Marge Books
València, 558 – 08026 Barcelona
Tel. 931 429 486 - marge@margebooks.com
www.margebooks.com

Gestión editorial: Hèctor Soler, Neus Piñol
Edición: Rosa Serra
Colaboración editorial: Roser Pérez
Compaginación: Mercedes Lara
Impresión: Safekat, SL (Madrid)

ISBN: 978-84-15340-98-0
Depósito Legal: B-11274-2015

Procedencia de las ilustraciones

Archivo del autor, y:

ET Systems Global
Storage Solutions, SL, 129
Mecalux, 148
Mercabarna, 58
MRW, 91
Seat, 38

Ilustraciones de la portada

AR Storage
Caprabo
DB Schenker Spain-Tir
Intermec Technologies

El papel empleado en este libro no ha sido blanqueado con cloro elemental (CI_2).

A Agustina (†) y José Luis (†). A quienes debo lo que soy.

Índice

Introducción

Cuando finalicé mis estudios universitarios desconocía totalmente el significado de la palabra «logística» y la función que cumple esta actividad en la gestión empresarial. Al comenzar a trabajar me indicaron que además del área económica-financiera tenía bajo mi responsabilidad el área logística, y dándome ánimos me dijeron que «haríamos camino al andar».

Un cuarto de siglo después de hacer camino, he tenido la oportunidad de trabajar en empresas industriales y de servicios logísticos, en sectores tan exigentes como el de la automoción, los electrodomésticos, la industria química o la alimentaria. En la actualidad, el trabajo desde la perspectiva de una empresa dedicada a la consultoría logística me ha permitido consolidar los conocimientos adquiridos, y utilizar la experiencia acumulada en el desarrollo de proyectos para solucionar las problemáticas que la logística y los flujos de materiales en la cadena de suministro plantean en las organizaciones.

La colaboración con distintos centros de formación y universidades españolas e internacionales me ha exigido una síntesis de conocimientos y una metodología de procesos y sistemas operativos que, además, me han permitido impartirlos mediante conferencias, cursos y casos prácticos.

La experiencia acumulada durante años como usuario de servicios logísticos, operador logístico y consultor es el objeto de SOLUCIONES LOGÍSTICAS, una obra que pretende sintetizar diferentes casos prácticos en cada una de las áreas que componen la función logística en la empresa. Estos casos están basados en situaciones reales, aunque, por respeto a las organizaciones implicadas, hemos cambiado sus nombres y algunos datos, pero no la metodología desarrollada ni las conclusiones alcanzadas.

Con la teoría y los procedimientos enunciados, no pretendo sentar cátedra, sino aportar mi experiencia de caminante a modo de brújula para las personas que se inician en el complejo mundo de la logística, y a las que haciendo camino al andar tienen dudas sobre cuál es el itinerario más conveniente.

Quiero agradecer a mi colega J. Basterra las aportaciones de algunos casos que se exponen, y a Begoña e Irene Santos su paciencia y esfuerzo en la redacción de los textos.

FRANCISCO ÁLVAREZ

Capítulo 1

Circuitos cerrados de aprovisionamiento y distribución

En este caso vamos a estudiar el modo en que la sincronización de los flujos de materias primas y productos terminados de una compañía permite la creación de circuitos de transporte, los cuales conllevan la optimización de los recursos de vehículos y conductores.

Además del estudio analítico de los costos de transporte, este caso permitirá orientar la logística hacia modelos avanzados de gestión de la cadena de suministro, en los que el transporte debe sincronizarse con los procesos de producción.

1   Antecedentes del caso

- Se trata de una empresa fabricante de productos textiles, con dos fábricas en México.

- La concentración de clientes en el ámbito del estado de Jalisco es muy elevada (80 % de la producción), mientras que el resto de los clientes se encuentran dispersos por otros estados mexicanos y los países centroamericanos.

- Los productos fabricados se envían diariamente desde las dos fábricas a un centro de distribución en Jalisco, desde donde se redistribuyen a los clientes de su zona o ámbito geográfico.

- El servicio de transporte se realiza mediante dos vehículos propiedad de la empresa (del tipo de tres ejes), uno desde cada fábrica, los cuales efectúan el recorrido de ida y vuelta en una sola jornada. En el viaje de retorno, los vehículos traen los embalajes vacíos (cajas, palés, bobinas, carretes, etc.) que se recuperan de los clientes.

- De los proveedores situados en Jalisco proviene aproximadamente el 50 % de las materias primas y los productos auxiliares que la compañía recibe en las fábricas.

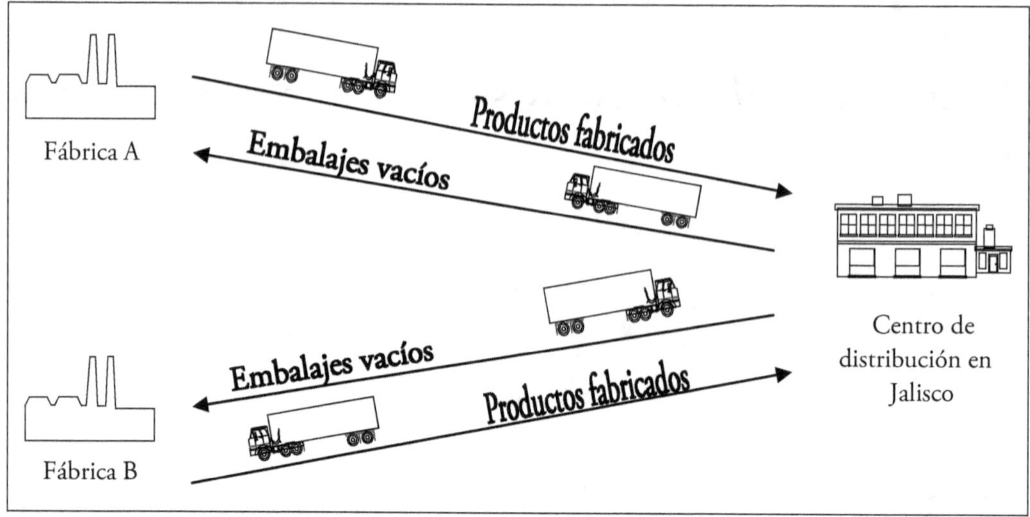

Figura 1.1. Circuitos de aprovisionamiento y distribución.

- Los contratos de aprovisionamiento con los proveedores incluyen las entregas en fábrica.

1.1 Circunstancia que se plantea

Ha aumentado significativamente el volumen de las operaciones, lo cual origina que, en el momento en que las expediciones sobrepasan la capacidad del vehículo, algunas de ellas quedan pendientes para el día siguiente, a la espera de que haya espacio de carga disponible en el camión de la empresa. Esto causa retrasos en los plazos de servicio y quejas de los clientes, que no tienen la certeza de cuándo recibirán las mercancías solicitadas. En ocasiones, bajo la presión de los clientes, se contratan con agencias de paquetería los envíos que sobrepasan la capacidad del camión de línea de la empresa, lo que encarece los costos de transporte.

2 Objetivos del proyecto

En el momento de renovar la flota de vehículos, la empresa fabricante de productos textiles se cuestiona el modelo de transporte actual y solicita el diagnóstico de un consultor sobre las siguientes cuestiones:

- El tipo de los vehículos que serían necesarios.
- Si el servicio de transporte debe ser propio o subcontratado.

- Qué posibilidades existen de mejorar el plazo de servicio a los clientes y la regularidad del mismo.
- Posibilidades de reducir los costos de transporte.

La distancia desde la fábrica A hasta la plataforma logística de Jalisco es de 220 km, y desde la fábrica B, de 290 km.

3   Alternativas de mejora

Tras un primer análisis por parte del consultor, se proponen diversas posibilidades de mejora. La compañía opina favorablemente respecto a las siguientes:

- *Aumentar la capacidad de los vehículos,* utilizando vehículos de mayor volumen (por ejemplo, tráileres de 80 m³, megatráileres de 100 m³ o trenes de carretera de 120 m³).
- *Integrar los circuitos de distribución con los de aprovisionamiento,* consignando la mercancía de los proveedores de Jalisco en el almacén logístico situado en este estado.
- *Subcontratar el transporte* con una compañía especializada que pueda mejorar la explotación de los vehículos y conductores.
- Elaborar un *concurso de ofertas* con diversos proveedores de transporte y contratar el servicio bajo la modalidad de «libros abiertos».

El sistema de libros abiertos se basa en las siguientes premisas:

- El marco de relaciones es estable y éstas son continuas a medio y largo plazo entre el fabricante y el transportista.
- Los volúmenes de contratación de transporte son significativos y ocupan a los medios del transportista (vehículos y chóferes) al 100 %.
- Las tarifas de transporte se establecen según la cuenta de explotación resultante y considerando un margen de beneficio industrial para el transportista.
- Los apartados de la cuenta de explotación (amortización de vehículos, porcentaje de beneficio industrial, etc.) se acuerdan entre cliente y proveedor.

La siguiente actuación del consultor consiste en contactar con diversas compañías de transporte con capacidad suficiente para cumplir los objetivos trazados. A las compañías que manifiestan interés en realizar este servicio se les remite el «cuaderno de cargas», un documento en el que se detallan las operaciones que lleva a cabo la compañía, los volúmenes, los itinerarios, las frecuencias y el esquema de operaciones que se desea desarrollar.

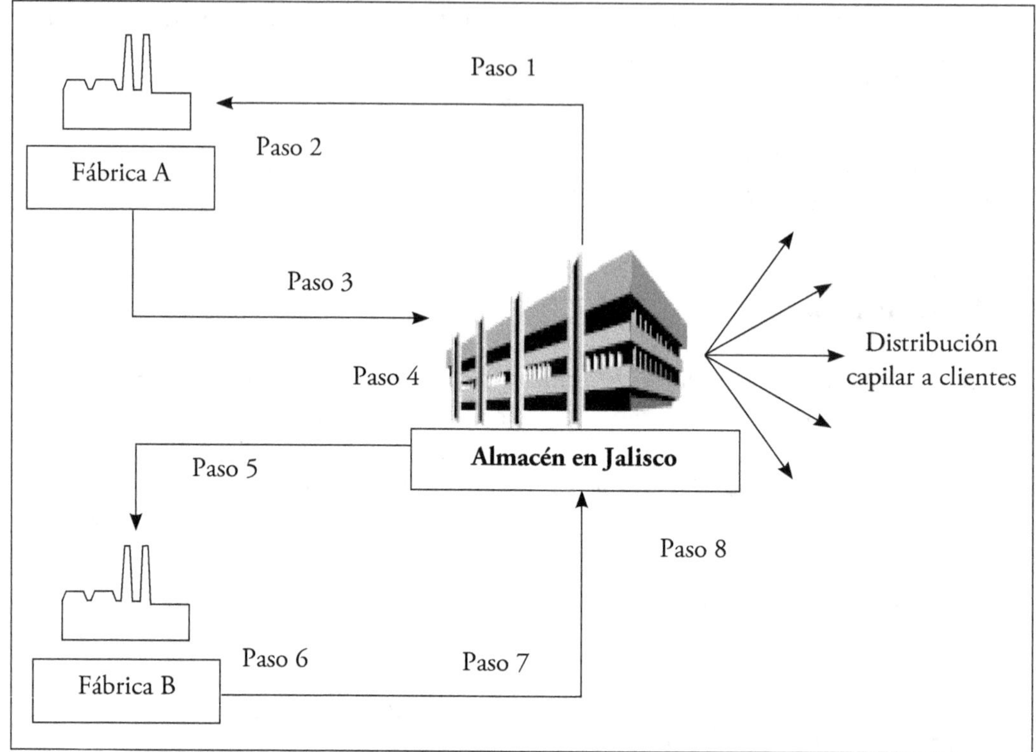

Figura 1.2. Resumen de las operaciones.

4 Esquema de las operaciones

En el esquema de la figura 1.2 se reflejan los circuitos que se pretenden realizar y los pasos intermedios de los que se compone cada uno de ellos.

El circuito consiste en que el vehículo inicia el recorrido en Jalisco, recogiendo del almacén de distribución un remolque con todas las mercancías consignadas a la fábrica A por sus proveedores. El conductor dispone de una jornada de ocho horas, durante la que transporta la mercancía hasta dicha fábrica A, desengancha el remolque con productos de los proveedores y engancha otro remolque con los pedidos preparados durante la jornada y los transporta hasta el almacén de Jalisco. Finalizado este recorrido, el segundo conductor utiliza el vehículo para llevar a cabo el segundo circuito, mediante el que se aprovisiona a la fábrica B y se transportan los pedidos preparados hacia Jalisco.

Este modelo de transporte se propone conseguir lo siguiente:

– Aprovechar al máximo la capacidad operativa de los vehículos, turnando a dos conductores que se relevan al finalizar su jornada laboral.

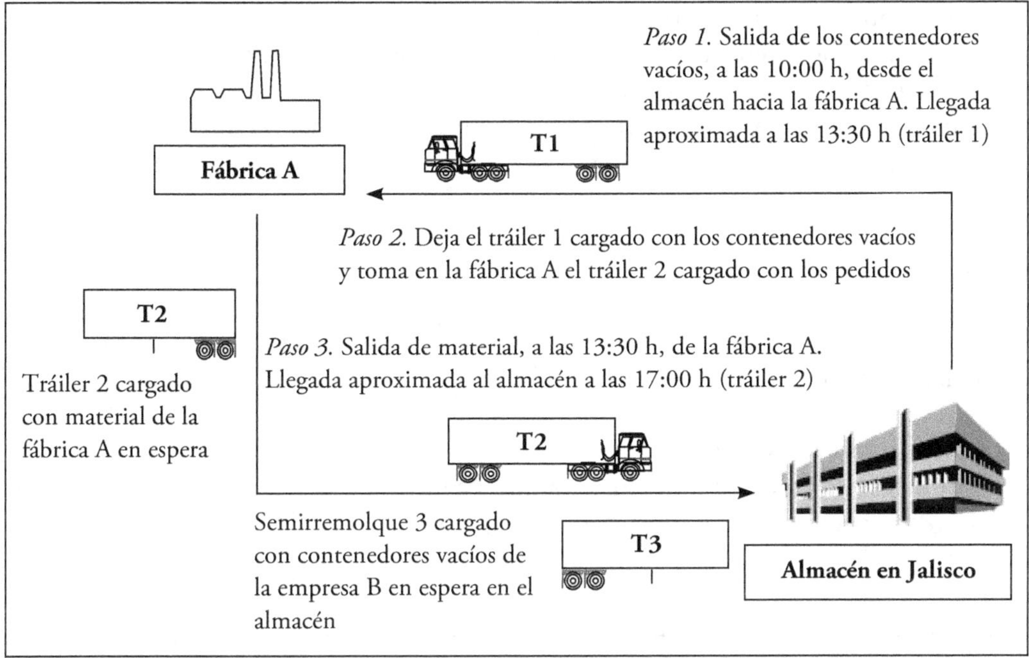

Figura 1.3. Detalle de los pasos del circuito en la primera rotación.

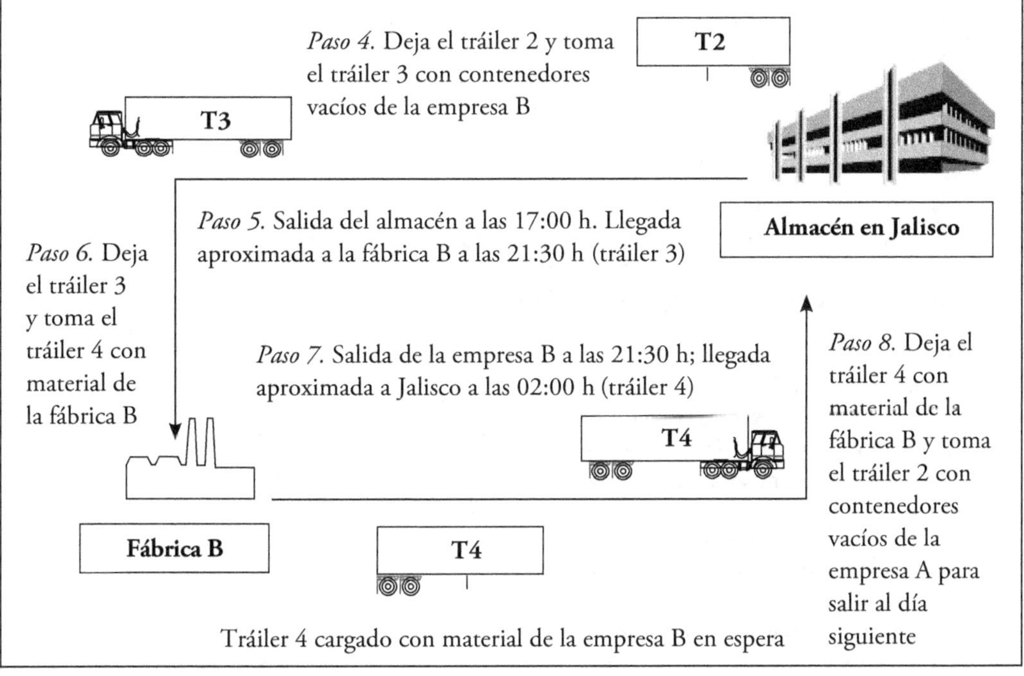

Figura 1.4. Detalle de los pasos del circuito en la segunda rotación.

- Minimizar los tiempos de parada para descarga y carga en los puntos intermedios, ya que el chófer engancha y desengancha el remolque sin esperar a que se realice la maniobra de carga o descarga.
- Integrar los volúmenes de mercancía de materias primas, productos semielaborados y productos terminados, con el fin de maximizar la ocupación de los vehículos.

5 Justificación económica

El circuito descrito y el sistema propuesto quedan plenamente justificados por los siguientes motivos:

- **Reducción de costos**
  Al disponer de dos conductores para un solo tráiler se consigue una reducción de los costos directos fijos, debido a que el número de kilómetros diarios es mayor.

Gastos variables	*Tráiler A*	*Tráiler B*	*Suma*

Combustible:
– El consumo depende del conductor, los años
  del vehículo y el tipo de ruta
– Los estándares se sitúan en 40 l × 100 km
  para vehículos cargados y 35 l para vehículos vacíos
	20.000 $	26.000 $	46.000 $

Neumáticos: – La tractora lleva dos ruedas de dirección y cuatro de tracción – El remolque lleva seis ruedas de tracción – Precio de rueda de tracción: 410 $/unidad – Precio de rueda de dirección: 340 $/unidad	3.000 $	4.000 $	7.000 $

Mantenimiento de la tractora:
– Contratos de servicio tipo *forfait* en $/km,
  en los que se incluyen los consumibles (aceites,
  filtros...) y las reparaciones de averías
– Los costos se sitúan sobre los 0,02 $/km
	2.000 $	3.000 $	5.000 $

Mantenimiento del remolque: – Incluye los frenos, los amortiguadores, las válvulas, los toldos, etc. – Los costos se sitúan sobre los 0,01 $/km	1.000 $	2.000 $	3.000 $

Tabla 1.1. Resumen de gastos variables.

- **Fiabilidad**
  Los dos conductores, al alternarse en los viajes, consiguen una mayor adaptación a los horarios establecidos de recogida y entrega.

- **Utilización de medios específicos**
  La utilización de megatráileres, con una altura útil de 2,80 m, ofrece el beneficio de un volumen de carga considerable.

Gastos fijos	*Tráiler A*	*Tráiler B*	*Suma*
Salarios: – Se sitúan entre 1.202 $ (netos) para circuitos blandos (fáciles) – Para circuitos duros se establece un fijo de 750 $ más incentivos de 0,04 a 0,06 $/km, dietas por desplazamiento de entre 18 a 24 $/día, y suplementos por descarga – Se incluyen los seguros sociales	28.000 $	28.000 $	56.000 $
Servicios generales: – Gastos de gestoría (tarjetas, revisiones...), comunicaciones (teléfono...)	1.000 $	1.000 $	2.000 $
Seguros: – Seguro obligatorio y daños propios. Seguro de mercancías (hasta 15.025 $) – Privación del carné de conducir. Cobertura del tractor y remolque	2.000 $	2.000 $	4.000 $
Tributos: – Impuesto municipal de circulación y actividades económicas	600 $	600 $	1.200 $
Amortización: – Precio de una cabeza tractora: 58.900 $ – Valor residual: 26.145 $ (cinco años) – Precio del remolque (cuatro unidades): 28.900 $ – Valor residual: 12.020 $ (cinco años)	10.000 $	10.000 $	20.000 $
Gastos financieros: – El 3 %, aproximadamente, sobre la inversión realizada: 169.000 $	2.500 $	2.500 $	5.000 $
Beneficio industrial: – 7,41 % sobre gastos de la cuenta de explotación	5.000 $	6.000 $	11.000 $

Tabla 1.2. Resumen de gastos fijos.

REJILLA DE COSTOS $/KM

	Fábrica A	*Fábrica B*
Combustible	0,19	0,18
Neumáticos	0,03	0,03
Mantenimiento tractora	0,02	0,02
Mantenimiento remolque	0,01	0,01
Salarios	0,26	0,20
Servicios generales	0,01	0,01
Seguros	0,02	0,01
Tributos	0,01	0,01
Amortización	0,09	0,07
Gastos financieros	0,02	0,02
Beneficio industrial	0,05	0,04
Total $/km	0,71	0,60

Tabla 1.3. Costos correspondientes a las fábricas.

- **Posibilidades de carga**

  Al disponer de un semirremolque en cada planta, los operarios de fábrica disponen de 24 horas para cargar la mercancía que se debe expedir al día siguiente, lo que ofrece mayores posibilidades de planificación en las áreas de producción y almacén.

- **Rapidez**

  Los tiempos de espera son mínimos, ya que cuando el tráiler llega a la planta el semirremolque está cargado y puede partir sin demoras.

Adicionalmente, se solicita a las empresas que concursan en la realización del servicio que establezcan la sincronización horaria más conveniente para que el servicio tenga una rotación diaria desde los dos centros, de modo que se pueda enlazar las salidas de los centros de fabricación con la entrega a los clientes de un día para otro.

Esta condición es posible siempre que la mercancía esté situada en el centro de distribución de Jalisco antes de las seis de la mañana, ya que el compromiso consiste en entregarla a los clientes a lo largo del mismo día en que se recibe.

De las propuestas recibidas de los concursantes se selecciona la más económica en costos porque los compromisos de calidad de servicio son similares en todos ellos.

El resumen de costos por kilómetro es el siguiente:

- La ruta fábrica A-Jalisco es de 220 km, y la ruta fábrica B-Jalisco, de 290 km.
- El número de días laborables considerado es de 245 días/año.
- Los kilómetros totales del recorrido son 107.800 y 142.100, respectivamente.

Si se dividen los gastos de cada epígrafe entre el número de kilómetros del circuito, se obtienen los costos por kilómetro.

6   Conclusiones

La subcontratación del servicio y el establecimiento del circuito cerrado de aprovisionamiento y distribución permiten a la compañía:

- Mejorar el servicio a los clientes sobre la base de una línea regular de servicios. El nuevo servicio garantiza que el 100 % de las expediciones se entregarán al cliente en el plazo previsto.
- Aumentar la capacidad de los vehículos.
- Mejorar la productividad en el uso de los equipos (una tractora y cuatro semirremolques).
- Reducir los costos de aprovisionamiento, debido a que los proveedores no se hacen cargo del transporte de la mercancía hasta la fábrica y abonan el importe en su factura.
- Reducir los costos de distribución.
- Controlar rigurosamente la cuenta de explotación del transportista y la estructura de costos.

7   Comentarios finales

Los circuitos de ida y vuelta en el transporte, también llamados *circuitos cerrados,* aportan unas ventajas significativas a la gestión del transporte, que benefician tanto al transportista como al cargador:

- Desaparece la incertidumbre de si habrá cargas en destino o no, de si habrá que permanecer a la espera de que la carga esté lista o de que haya vehículos que tengan preferencia.
- No existen recorridos en vacío y, por tanto, deja de existir el costo que representan los gastos de kilometraje en vacío.
- El punto de descarga (desenganche del remolque) y carga (enganche del remolque) es el mismo lugar.
- El vehículo va y viene cargado de mercancías diversas todos los días del año.

– El recorrido y el horario son regulares todo el año, lo que posibilita que los conductores tengan la base de operaciones en su casa, con la ventaja de que los gastos de desplazamiento y dietas se reducen considerablemente y la calidad de vida de los conductores mejora sustancialmente, lo que redunda en la calidad del servicio (cumplimiento de horarios, menor siniestralidad, etc.).

En cuanto a los tiempos de conducción, mientras uno de ellos se aproxima al pleno rendimiento de la jornada laboral, el conductor del servicio de la fábrica A tiene disponibilidad del disco horario (tacógrafo) para poder realizar algún servicio complementario (reparto, posicionamiento de vehículos, mantenimiento, etc.), si bien en este apartado corresponde más a la habilidad de la compañía de transportes de coordinar óptimamente sus recursos (personal y medios).

Capítulo 2

Aprovisionamiento de la cadena de producción

Un proceso industrial tan complejo como es la fabricación de automóviles, con muchos componentes básicos y un elevado ritmo de fabricación, ha generado históricamente unos costos logísticos elevados, por lo que las empresas del sector de la automoción han orientado sus estrategias logísticas hacia la externalización de servicios por proveedores de subconjuntos.

Esta descentralización especializada ha hecho posible la sincronización de los flujos de materiales en el aprovisionamiento de la cadena de producción, alcanzando importantes cotas de eficiencia.

Estos modelos se denominan «justo a tiempo» *(just in time)* y «*stock* cero», y mantienen su vigencia en la automoción y otros sectores industriales.

1   Antecedentes del caso

- Se trata de un fabricante del sector de la automoción que solicita a la compañía que gestiona el transporte de aprovisionamiento desde sus proveedores hasta el almacén regulador, situado en la planta de ensamblaje de vehículos, un proceso de subcontratación que englobe las siguientes funciones:

    - La recepción de los materiales.
    - El almacenaje.
    - La preparación de los pedidos.
    - El premontaje de los subconjuntos.
    - El transporte hasta la cadena de montaje.

    La secuencia del aprovisionamiento de estos componentes se ha de realizar con los ritmos y requerimientos del proceso productivo, es decir, «justo a tiempo».

- Este proceso engloba una serie de componentes (primeros equipos) que se necesitan para la construcción de la puerta de los vehículos, los cuales configuran un kit en forma de casete que el operario debe introducir en la estructura metálica de la puerta.

- La operativa que se propone corresponde a los siguientes componentes:

  - Paneles de tapicería (de tipos diferentes según la carta de colores ofrecida en el catálogo por el fabricante de automoción).
  - Accionamiento del elevalunas, que puede ser eléctrico (sistema de botones y motor) o manual (accionamiento y engranajes). Una vez elaborado el kit, estos componentes se adaptan al panel de la puerta para accionar los movimientos de las lunas del automóvil y abrir y cerrar la puerta.
  - Diversos tipos de embellecedores (estuches para documentación, ceniceros, asideros, etc.).

- Se debe tener en cuenta que estos componentes se han de adaptar a los distintos modelos de vehículo (de dos o cuatro puertas) y, en cada uno de ellos, a las distintas posiciones de las puertas delanteras o traseras.

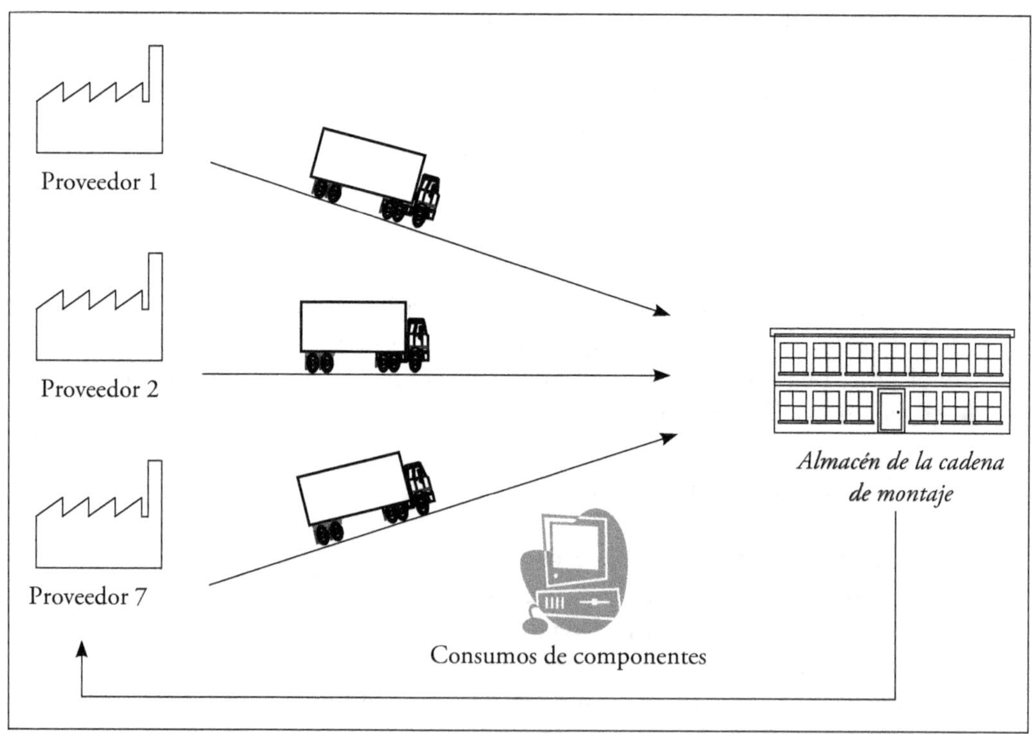

Figura 2.1. Primera etapa. Circuito de proveedores. Sistema de reposición de consumos.

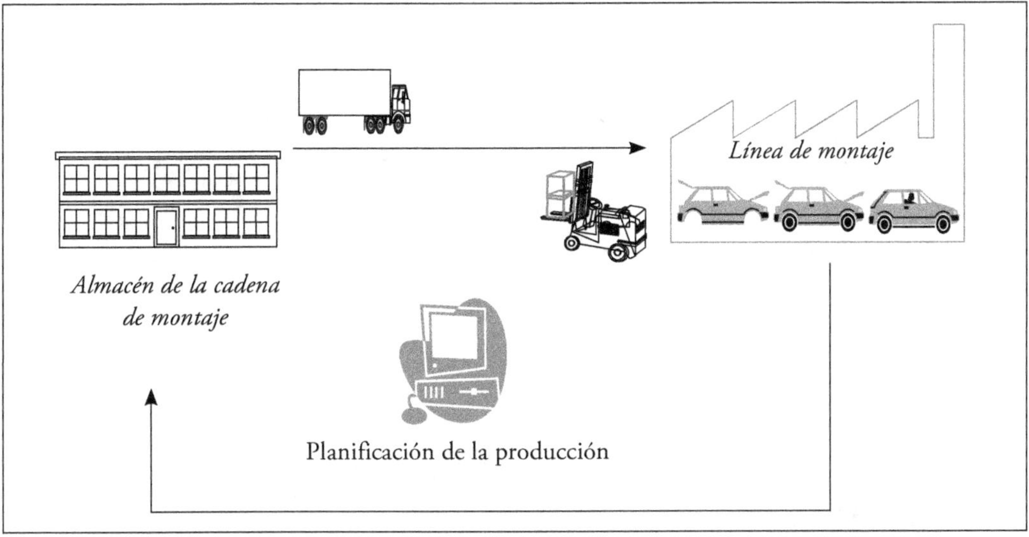

Figura 2.2. Segunda etapa. Circuito de operaciones mediante sistema «justo a tiempo».

- El conjunto de piezas sobre las que se va a extender la operativa es de ciento veinte referencias básicas, que provienen de seis proveedores distintos.

- El suministro desde el almacén a los centros de montaje se llevará a cabo en régimen de flujo sincronizado, con unos tiempos de requerimiento de 140 minutos desde que se recibe la orden.

- La recepción de las órdenes de trabajo (especificando modelos, colores y resto de los componentes) se efectuará mediante conexión informática en tiempo real entre el almacén de logística y el departamento de planificación de producción del fabricante de automóviles.

- La gestión de las existencias es responsabilidad de los proveedores, que asumen el compromiso de que no exista rotura de *stocks* y aceptan las responsabilidades económicas que se generen en caso de que ésta se produzca.

2   Objetivos del proyecto

Este sistema de aprovisionamiento persigue optimizar las variables siguientes:

- *Existencias:* lo que se denomina «*stock* cero» para el fabricante de automoción, que traslada sus existencias al operador logístico o a sus proveedores de componentes.

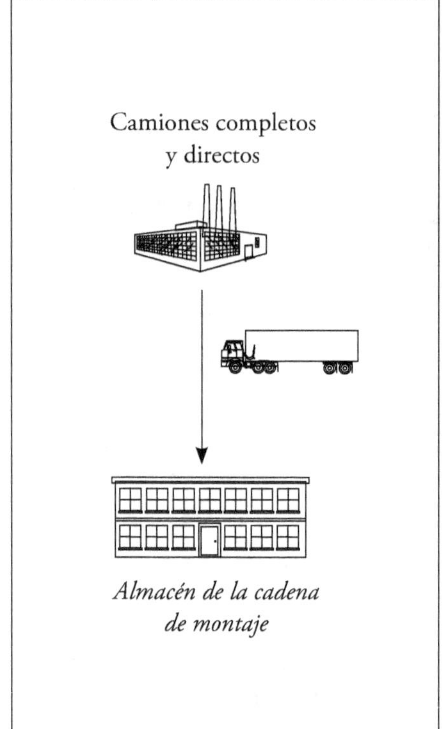

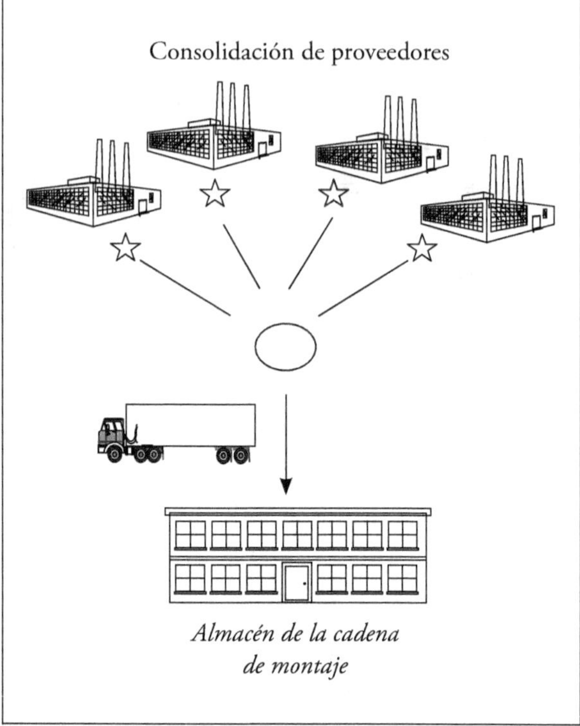

Figura 2.3. Tercera etapa.
Directos cadena de montaje.

Figura 2.4. Cuarta etapa.
Consolidación de proveedores.

- *Externalizar* las funciones de almacenaje de materiales, manipulación y montaje de kits, estableciendo un contrato de externalización con sus proveedores.

- *Variabilizar los costos,* según las cantidades realmente fabricadas.

- *Reducir los costos* mediante concursos periódicos de proveedores.

Con los objetivos enunciados, la empresa de automoción solicita a sus seis proveedores que planteen el servicio con un operador logístico que lo garantice, y que presenten una valoración económica de dichos servicios en régimen de precio único incluyendo todas las operaciones.

El fabricante liquidará los costos del servicio diariamente a cada proveedor, mediante un sistema de facturación según el número de piezas realmente consumidas.

Los proveedores, según los consumos realizados por su cliente, harán la reposición de materiales al almacén logístico por la misma cuantía de los consumos, para que no se produzca rotura de *stocks*.

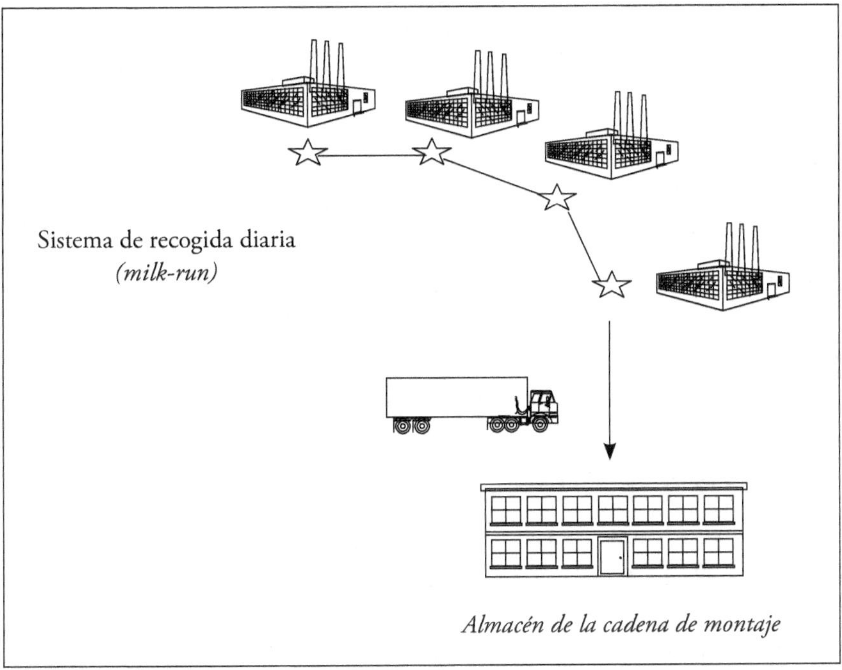

Figura 2.5. Quinta etapa. Sistema de recogida diaria.

3 Características del transporte de aprovisionamiento en el sector de la automoción

- Considerando que las series de fabricación en una jornada pueden situarse entre 1.000 y 2.000 vehículos, el volumen de aprovisionamiento de componentes es significativo.
- Aun así, conviene precisar que los volúmenes de movimientos de uno u otro componente son muy diferentes según el número de unidades de cada uno de ellos. Por ejemplo, un vehículo tiene una batería, un volante, una palanca de cambio, etc., pero también tiene cinco neumáticos, seis lunas, cuatro asientos, etc.
- El gran número de operaciones justifica la contratación de vehículos completos de volumen o peso para optimizar los costos de transporte.
- En el sector de la automoción, en los componentes que no justifican vehículos completos y directos desde el proveedor al fabricante (véase la figura 2.3), se les asigna un sistema de grupaje para optimizar el transporte (véase la figura 2.4).
- El esquema de la figura 2.4 supone la recogida de componentes de proveedores por zonas geográficas y su consolidación en un punto donde se puedan agrupar muchas expediciones. El objetivo es optimizar el transporte desde este centro consolidador hasta el almacén de recepción de materiales de la empresa de automoción.

Concepto	Unidades	Inversión ($)	Plazo de amortización (años)
INSTALACIÓN Y EQUIPOS			
Carretillas	2	42.000	4
Transpalés manuales	2	1.000	4
Transpalés eléctricos	1	6.000	4
Vehículos 8/10 toneladas	2	84.000	5
Vehículo ligero	1	12.000	5
Mobiliario e instalaciones		6.000	5
EQUIPOS INFORMÁTICOS			
Soportes físicos *(hardware)*		5.000	2
Programas informáticos *(software)*		3.000	2
EQUIPOS DE OFICINA			
Comunicaciones en línea		1.500	4
Fotocopiadora		1.500	4
Impresora de etiquetas		600	4
Instalación telefónica		900	4
Total de la inversión		163.500 $	

Tabla 2.1. Inversiones y plazos de amortización.

— Con los sistemas de recogida diaria *(milk-run)*, se pretende optimizar la capacidad de transporte mediante la recogida de materias primas (cantidades medianas o pequeñas) en diversos lugares a lo largo de una ruta preestablecida y su transporte directo a la planta de montaje (véase la figura 2.5).

En este tipo de empresas de automoción, los sistemas de recogida diaria se justifican por la necesidad de sincronizar con su plan de producción las recogidas de materiales en los diferentes puntos de entrega (instalaciones de los proveedores) de una forma secuenciada.

Estos sistemas pueden estar a cargo de la empresa que recibe los materiales o a cargo de los proveedores, y pueden efectuarse con medios propios o mediante un proveedor logístico.

Las operaciones que se han de realizar una vez finalizado el transporte son:

— Descarga y almacenaje.
— Preparación de pedidos y montaje.
— Transporte a fábrica.

Etapas		Personal	Equipos materiales
A		2	1 almacén 3.500/4.500 m² en alquiler 1 carretilla elevadora 1 transpalé manual
B		6	1 transpalé eléctrico 1 transpalé manual
C		4	2 vehículos 8/10 toneladas
D	0	2	1 carretilla elevadora
	1	2	1 carretilla elevadora 2 tractores para servicio en el punto de montaje
E		1	1 vehículo ligero
O		3	Ordenador (con dos impresoras) Instalación telefónica: 3 líneas (fax, internet, teléfono) Fotocopiadora Fax

Tabla 2.2. Personal y medios materiales.

- Descarga y entrega:
  - En un solo punto.
  - Alimentación de una cadena en varios puntos.
- Emergencias, imprevistos y reparaciones en cadena.
- Administración y gestión de existencias.

Las inversiones necesarias para llevar a cabo el proyecto se reflejan en la tabla 2.1.

El detalle de asignación de recursos en cada una de las etapas del proyecto sería el que se describe en la tabla 2.2.

En cuanto a la estructura de gastos mensuales y anuales, es la que se presenta en la tabla 2.3.

3.1 Cotización de servicios

Completamos la cotización de servicios con dos versiones:

- Servicio A: entrega de camión a pie de factoría.
- Servicio B: entrega de camión en dos puntos de la cadena de montaje.

El capítulo de imprevistos incluye, además de los costos adicionales para mantener en todo momento el nivel de garantía de servicio, un retén de un vehículo, personal correturnos, bajas de enfermedad, emergencias, averías, etc.

Conceptos	Carga mensual ($)	Carga anual ($)
Centro de producción:		
– Alquiler almacén (3.500/4.500 m²)	6.000	72.000
Subtotal	6.000	72.000
Personal:		
– 1 administrador	3.000	36.000
– 2 administrativos	4.000	48.000
– 4 conductores (carné local)	5.000	60.000
– 4 carretilleros	5.000	60.000
– 6 mozos	6.000	72.000
Subtotal	23.000	276.000
Amortizaciones:		
– Elementos de manipulación	1.000	12.000
– Vehículos de carretera	2.000	19.000
– Mobiliario e instalaciones	100	1.000
– Equipos informáticos	300	4.000
– Equipos de oficina	100	1.000
Subtotal	3.500	37.000
Consumos:		
– Luz, agua, teléfono, material oficina, mantenimiento, etc.	2.000	22.000
– Combustibles, seguros, neumáticos, etc.	2.000	29.000
Subtotal	4.000	51.000
Total gastos	36.500	436.000

Tabla 2.3. Estructura de gastos mensuales y anuales.

En el caso de que en la etapa D se utilizara la opción 1, supondría una inversión adicional de dos carros transportadores (12.000 $/unidad; amortización a cuatro años) y dos personas para el transporte desde el punto de descarga hasta la cadena de montaje.

Esta opción representaría el costo adicional que se describe en la tabla 2.4.

3.2   Costo unitario por vehículo

Aplicando este presupuesto al número de vehículos fabricados por mes (750 vehículos × 20 días laborables = 15.000 vehículos/mes), se obtienen los costos unitarios que se detallan en la tabla 2.6.

La estimación de costos efectuada con un coeficiente de cobertura, tanto en personal como en medios mecánicos, permite la producción de un número de vehículos superior al previsto del 7 % (es decir, 800 vehículos/día) con el mismo costo.

Conceptos	Carga mensual ($)	Carga anual ($)
Personal	3.000	36.000
Amortizaciones	500	6.000
Total gastos	3.500	42.000

Tabla 2.4. Costos de entrega en punto de cadena de montaje.

Conceptos	Servicio A ($)	Servicio B ($)
Costos de estructura	36.500	42.000
Imprevistos - Garantías (5 %)	2.000	2.000
Beneficio industrial (7,5 %)	3.000	3.000
Total	41.500	47.000

Tabla 2.5. Comparación de costos según punto de entrega.

Conceptos	Servicio A	Servicio B
Costos	41.500 $	47.000 $
Vehículos/mes	15.000	15.000
Costo por vehículo fabricado	2,76 $/vehículo	3,13 $/vehículo

Tabla 2.6. Integración de costo por vehículo.

4   Conclusiones

– La *descentralización* de los almacenes reguladores de primeros equipos en las empresas del sector de la automoción ha permitido una gestión más optimizada de un menor número de referencias, incorporando el valor añadido del premontaje de kits y el suministro secuenciado a la cadena de montaje.
– El *sistema de facturación según consumos* permite a los fabricantes que sus proveedores les facturen solamente por los componentes realmente consumidos. Esto permite que el *stock* del fabricante sea mínimo, ya que para cuando el proveedor factura los servicios, el producto está fabricado y vendido y, en algunas ocasiones, hasta cobrado.
– El *circuito de comunicaciones* entre el fabricante de primeros equipos, el operador logístico y el fabricante de automoción justifica que los consumos se comuniquen diariamente para su facturación, por lo que la gestión de existencias del proveedor de componentes y los ritmos de fabricación se pueden secuenciar al mismo ritmo que el consumo.

5 Comentarios finales: circuitos técnicos del transporte

La obsesión de los fabricantes del sector de la automoción por reducir al máximo el tamaño de las existencias ha significado para el transporte de aprovisionamiento una continua búsqueda por mejorar los modelos tradicionales de transporte (un vehículo por un conductor).

Además de los modelos explicados en el caso analizado, se puede añadir otro ejemplo que día a día adquiere mayor demanda: el «transporte de relevos», nombre que adquiere de las carreras de atletismo en las que varios corredores se relevan a lo largo de un recorrido, transmitiéndose un testigo en cada una de las etapas del recorrido.

En el caso del transporte de relevos se trata de establecer a lo largo de un itinerario, cuya longitud equivale a varios días de recorrido de un conductor, unos puntos donde cada conductor vaya entregando el vehículo y la carga al siguiente conductor, que estará situado en un lugar acordado para que a partir de ese punto continúe el transporte sin demora alguna hasta la siguiente estación de relevo. De esta manera, el transporte de la mercancía no está sujeto a las paralizaciones que la ley obliga a los conductores (descansos de dos horas cada cuatro de conducción, ocho horas de conducción por jornada, etc.) y llega antes a su destino.

Los conductores se relevan en la conducción del vehículo cada cuatro horas aproximadamente, que es el tiempo previsto para la conducción entre el punto de origen de la mercancía y el del siguiente relevo. En ese momento entra en juego el siguiente conductor, que realizará un recorrido de aproximadamente otras cuatro horas hasta la siguiente estación de relevos.

El primer conductor realiza el descanso obligatorio e inicia el retorno a su posición de salida con otro vehículo que viaja en sentido contrario.

Este sistema, que obliga a tensar la gestión del transporte, tiene como contrapartidas:

- La disminución del tiempo de transporte reduce a su vez el tamaño de las existencias. Hay que tener en cuenta que con este sistema se puede triplicar el recorrido diario que realiza un vehículo en condiciones normales con un solo conductor. En consecuencia, si la mercancía llega en un día en vez de en tres, se reduce el *stock* en tránsito en la misma proporción.
- Se reduce la siniestralidad por robos. El vehículo no para en ningún momento fuera de las estaciones de relevo.
- Mejora la calidad de vida de los conductores y reduce la siniestralidad por exceso de horas de conducción, presión por la hora de llegada, etc.
- Se reducen los gastos por el desplazamiento y la manutención de los conductores. Cada conductor tiene una base fija de operaciones donde se inicia y finaliza el itinerario.
- El aprovechamiento de los vehículos es muy superior al sistema tradicional de «un conductor por un vehículo», lo que reduce los costos porque la incidencia de los

gastos fijos (seguro, licencia fiscal, matriculación, amortización, etc.) es mucho menor. Si tradicionalmente un vehículo con un conductor puede alcanzar los 150.000 km por año, se puede multiplicar por dos y por tres este límite.

— Las compañías de transporte capaces de ofrecer estos servicios disponen de medios (vehículos y conductores de repuesto) para garantizar la falta de interrupción de los flujos.

Mediante este sistema se organizan suministros en régimen de «justo a tiempo» con distancias de varios miles de kilómetros entre los centros de fabricación y montaje.

Capítulo 3

Manipulación de carga y descarga

Cuando no es posible ejecutar la manipulación de carga y descarga mediante los sistemas mecánicos convencionales, es decir, las carretillas, existen otras posibilidades que permiten mejorar la productividad y la calidad del trabajo.

La legislación es cada vez más estricta en cuanto a los pesos y las medidas de los bultos que se han de manipular por las personas, y las soluciones que analizamos en este caso se orientan hacia una mejora de la productividad de las operaciones y de la calidad del puesto de trabajo.

1 Antecedentes del caso

1.1 Análisis de la situación actual

Vamos a estudiar la problemática que se plantea en la plataforma de almacenaje de productos de bazar y textil de una cadena de supermercados en el momento de la recepción de las mercancías, previo a las campañas de distribución.

Las operaciones de descarga de contenedores se realizan mediante procedimientos manuales, debido a que la carga no está paletizada.

Las fases de esta operación son:

1. Descarga y manipulación desde dentro del contenedor hasta el muelle del almacén.
2. Clasificación de las mercancías según referencias.
3. Comprobación del material y actualización de las existencias.
4. Ubicación en estanterías mediante medios mecánicos (carretillas retráctiles o transpalés eléctricos).

Este procedimiento genera los siguientes problemas:

- *Baja productividad.* Dedicación excesiva de mano de obra a esta actividad.
- *Absentismo laboral.* Derivado del esfuerzo realizado por los operarios sin ningún tipo de asistencia mecánica.
- *Poca flexibilidad en la descarga.* La capacidad de descarga es limitada, lo que en momentos de llegada de muchos contenedores genera demoras, paralizaciones de camiones, retrasos en la liberación de los contenedores y los costos económicos derivados de todo ello.

1.2   Informe diario de operaciones

Número de contenedores diarios	– Máximo 12 y mínimo 4: media de 6 contenedores – Aproximadamente, 1.500 unidades/año
Tipo de contenedores	– 50 % de 20 pies – 50 % de 40 pies
Medidas y pesos de los bultos	– Muy diversos: generalmente los tamaños varían entre 40 × 60 × 60 y 60 × 80 × 80 – Número de cajas por contenedor: varía entre 1.500 y 2.000 unidades, con una media de 1.800 – Pesos variables de entre 10 y 25 kg
Número de referencias por contenedor	– Textil: mínimo 1 referencia y máximo hasta 50, con una media de 18 – Resto bazar: mínimo 1 referencia y máximo hasta 12, con una media de 6
Productividad de los operarios	– Pocas referencias: 3 operarios (2 para descarga y 1 para clasificación) – Muchas referencias: 4 operarios (3 para descarga y 1 para clasificación) – Cajas por operario (hombre o mujer): 80 cajas a la hora – Horas por contenedor: 3,5 horas

Tabla 3.1. Diario de operaciones.

1.3   Manipular cargas sin riesgo

La legislación de la mayoría de los países establece las disposiciones mínimas de seguridad y salud relativas a la manipulación manual de cargas. En ellas se insta a las empresas a evitar la manipulación manual de cargas, adoptando medidas organizativas o bien utilizando equipos para el manejo mecánico de dichas cargas, sea de forma automática o controlada por el trabajador.

Cuando la manipulación manual es inevitable y comporta un riesgo, los equipos de ayuda al trabajador (carretillas elevadoras, equipos aéreos, mesas elevadoras, etc.) le permiten levantar o trasladar cargas pesadas con el mínimo esfuerzo.

2   Objetivos del proyecto

Mejorar la productividad para reducir las operaciones de carga y descarga al mínimo tiempo posible y con el mínimo esfuerzo humano.

El alcance de este objetivo hará más eficiente a la empresa, mejorando los costos operativos y la calidad de vida de los operarios.

3   Posibilidades de mejora sobre la situación actual

Para poder mejorar la situación de la empresa y de sus trabajadores, existen en el mercado una serie de medios que permiten, entre otras cosas, reducir el esfuerzo humano y realizar las operaciones de carga y descarga en un tiempo mínimo.

3.1   *Descarga mediante cintas transportadoras extensibles*

Son elementos mecánicos que hacen posible llevar a cabo las operaciones de carga y descarga de camión y contenedores con el mínimo esfuerzo humano y en el mínimo

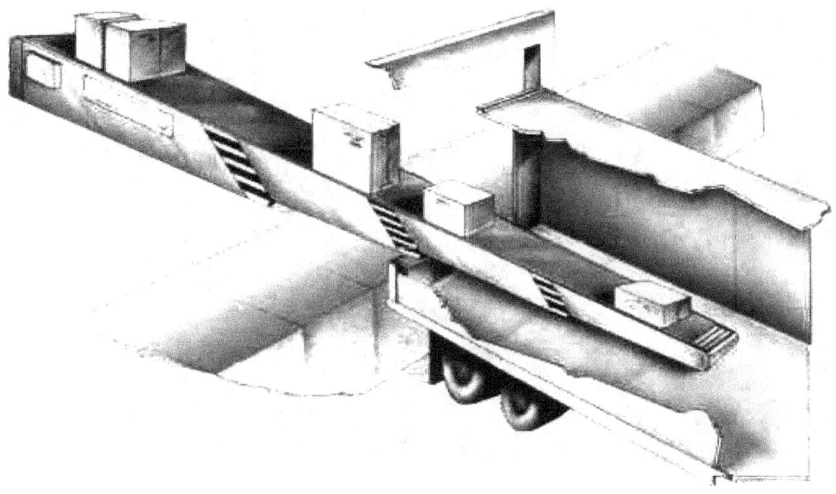

Figura 3.1. Esquema del funcionamiento de una cinta transportadora extensible.

tiempo posible. El cabezal de la cinta se sitúa en el interior del camión y elimina el recorrido del operario desde el camión hasta el muelle (véase la figura 3.1).

Las cintas transportadoras extensibles pueden ser de varios tipos, y permiten al operario adaptar la cinta a la posición más conveniente dentro del camión.

Según las indicaciones del proveedor, las operaciones de descarga de un vehículo de 70 m^3, para bultos de 40 × 40 × 40 cm, sin especificar peso, pueden llegar a efectuarse mediante dos operarios en menos de una hora.

La productividad que estos equipos pueden alcanzar es de 20 a 30 cajas por minuto.

3.2 *Clasificación y paletización en muelle*

3.2.1 *Caminos de rodillos*

Permiten el desplazamiento horizontal de cajas sin la intervención de operarios y comunican el final de la cinta transportadora extensible con la zona de clasificación y paletización de cajas.

Mediante los caminos de rodillos (véase la figura 3.2), el desplazamiento de las cajas puede ser por gravedad o motorizado, adaptándose el ritmo de la descarga al de la cinta extensible.

3.2.2 *Manipuladores ingrávidos*

Los manipuladores ingrávidos son equipos que permiten realizar la manipulación y clasificación de bultos con el mínimo esfuerzo posible. El operario guía el producto con

Figura 3.2. En un camino de rodillos, el desplazamiento de las cargas puede ser por gravedad o motorizado, adaptándose el ritmo de descarga al de la cinta extensible.

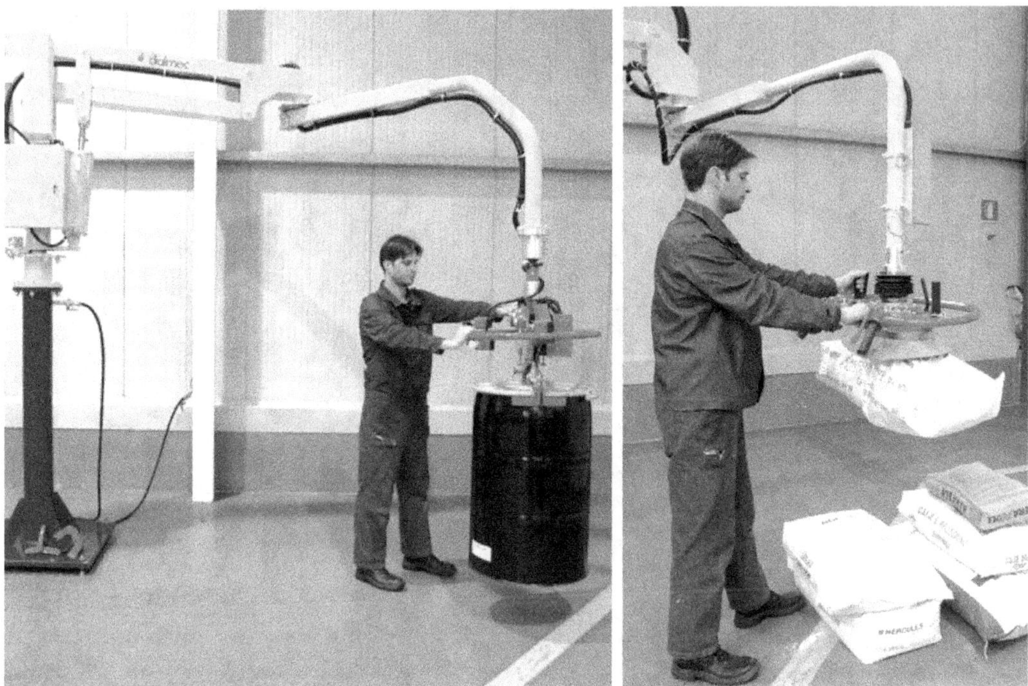

*Figura 3.3. El manipulador ingrávido facilita la manipulación de bultos
pesados o voluminosos (imagen de la izquierda) y las operaciones
de paletización de las cargas.*

las manos como si la carga estuviera en ausencia de gravedad, lo que permite mover y posicionar la carga sin esfuerzo.

Además, los manipuladores ingrávidos permiten incrementar la productividad:

– Realizando operaciones con un solo operario.
– Reduciendo el cansancio durante la jornada laboral.

Dependiendo del tipo de bultos y de los recorridos que se deben realizar, se pueden alcanzar productividades de 5 a 15 bultos por minuto.

3.2.3   Mesas de paletización

Como alternativa a los manipuladores ingrávidos en el final de línea se pueden obtener mejoras de ergonomía y, por tanto, en productividad mediante la utilización de las mesas de paletización, que mediante giros y nivelaciones permiten que el operario trabaje siempre a la misma altura y con el mínimo esfuerzo.

Figura 3.4. Secuencia de la operativa de trabajo en una mesa de paletización.

4   Presupuestos y proveedores

Los presupuestos de los proveedores considerados son los que aparecen clasificados en la tabla 3.2.

5   Contraste entre la situación actual y futura con la implantación de medios. Balance laboral y económico

El *balance de horas* dedicadas a la descarga y clasificación se corresponde con el que se resume en la tabla 3.3.

Mientras que el *balance económico* se correspondería con una inversión total en equipos básicos por valor de 36.000 $.

Equipos básicos	*Proveedor*	*Precio ($)*	*Accesorios complementarios*
Cintas transportadoras extensibles	X	25.000	Riel para desplazamientos Sistemas de elevación
Caminos de rodillos	Y	3.000	Curvas Cruces y desviaciones
Manipulador ingrávido	Z	8.000	Pórtico de operaciones Cabezales adaptados
Total inversión equipos básicos		36.000 $	

Tabla 3.2. Presupuestos de los diferentes proveedores.

Operaciones	Situación actual	Situación futura
Tiempo de operación por operario y contenedor	Tres operarios dedican 3,5 horas por persona para cada contenedor (10,5 horas)	Tres operarios dedican una hora por persona para cada contenedor (3 horas)
Estimación de 1.500 contenedores por año	15.750 horas/año (1.500 × 10,5 horas)	4.500 horas/año (1.500 × 3 horas)
Ahorro previsto	11.250 horas/año	

Tabla 3.3. Estimación de horas por operario y contenedor.

6   Resultados alcanzados

Si se considera un costo de 9 $ por hora de trabajo, los resultados que se pueden generar con el uso de estos sistemas en el caso analizado son los siguientes:

- Ahorro unitario = 94,5 $/contenedor − 27 $/contenedor = 67,5 $/contenedor.
- Ahorro total = 67,5 $/contenedor × 1.500 contenedores = 101.250 $.

De lo que se deduce que el retorno de la inversión es inferior a seis meses.

7   Conclusiones

La introducción de estos sistemas y equipos supone una solución óptima para reducir las pérdidas que una incorrecta manipulación de cargas conlleva para la empresa.

Operaciones	Situación actual	Situación futura
Amortización de equipos (considerando un período de amortización de 5 años)	0	7.200 $
Mantenimiento y reparaciones (10 %)	0	3.600 $
Mano de obra directa considerando: precio/hora de 9 $/hora, basado en un gasto total de la empresa de 15.025 $ y un convenio laboral de 1.700 horas/año	141.750 $ (15.750 h/año × 9 $)	40.500 $ (4.500 h/año × 9 $)
Costo por contenedor	94,50 $/contenedor (141.750/1.500 contenedores)	27 $/contenedor (40.500/1.500 contenedores)

Tabla 3.4. Contraste de costos por operación entre la situación actual y la futura.

Entre sus ventajas cabe destacar:

– La disminución del absentismo laboral producido por lesiones:

  - Aumento de los beneficios humanos, sociales y económicos.
  - Mejora de las condiciones de trabajo (mayor satisfacción del personal y mejora del clima de trabajo).

– El balance económico no considera las mejoras sociales que este sistema aporta en cuanto a calidad e higiene del nuevo sistema de trabajo.

Capítulo 4

Embalajes multiuso y circuitos de recuperación

La variable más crítica que determina la viabilidad de la utilización repetitiva de unos mismos embalajes en una cadena de suministro es el costo del transporte de recuperación.

Si se consigue superar este impedimento, los esfuerzos deben dirigirse hacia la consecución de embalajes sólidos que aumenten su durabilidad y minimicen los gastos de mantenimiento y conservación.

Una problemática que puede surgir con la reutilización de los embalajes es el elevado valor que adquiere el parque de embalajes y el costo de los sistemas de control y gestión, ya que ese valor, si no está correctamente controlado y gestionado, puede desaparecer en las etapas de transporte y distribución.

1 Antecedentes del caso

- Se trata de una empresa dedicada a la producción de componentes metálicos y plásticos que se suministran a otras compañías que los utilizan para fabricar mobiliario de oficina y cocina.

- Sus productos siempre están paletizados y se utilizan diferentes modalidades de embalaje:

  - *Cajas de cartón* para productos de tamaño mediano y pequeño.
  - *Cercos de cartón con tapa* para productos de gran tamaño.
  - *Bastidores formados por un palé y tubos* en los casos en los que el producto no puede estar en contacto con otros productos, para evitar, por ejemplo, daños en la pintura.

- Las características de los embalajes no permiten que se apilen los palés en el camión, lo que ocasiona un problema de desaprovechamiento de la capacidad de carga.

- Sus ventas se reparten entre el mercado doméstico y la exportación, sobre todo a Estados Unidos y países europeos.

- Debido a los problemas que los embalajes desechables originan en algunos países a causa de la legislación vigente sobre este tipo de embalajes, los clientes de estos países presionan a la empresa suministradora para que cambie de política de embalajes.

- Sin embargo, la empresa es reticente a cambiar su política de embalajes, porque cree que esto ocasionará un encarecimiento de los costos.

- La empresa solicita un informe a una compañía consultora sobre las alternativas a la situación actual y un análisis de las consecuencias económicas si se cambia la política de embalajes.

2   Situación actual

Los productos que fabrica la empresa no son de un valor elevado, pero dadas sus características necesitan un embalaje de protección.

El embalaje (cajas de cartón paletizadas), dadas las características de los productos que contiene, no permite ser apilado y es de un solo uso.

Todo lo anterior provoca en la empresa los siguientes problemas:

- Costos de transporte elevados:

  - Las mercancías no ocupan la capacidad máxima del camión.
  - Hay desaprovechamiento de los vehículos.

- Costos de embalaje elevados:

  - Los embalajes son de un solo uso.
  - La normativa sobre embalaje exige la utilización de embalajes de varios usos que contribuyan considerablemente a evitar residuos procedentes de la utilización de éstos.
  - En el caso de embalajes de un solo uso, existen penalizaciones económicas según los países para el expedidor, y para el destinatario supone asumir unos costos generados por la eliminación del residuo.

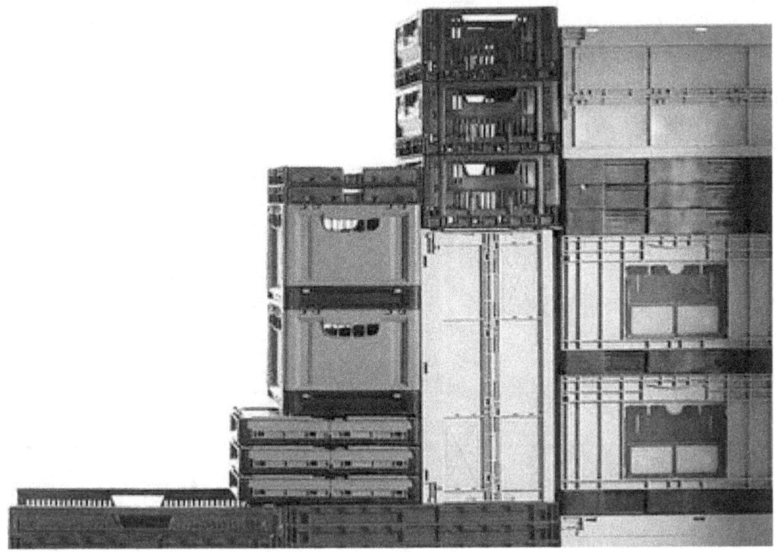

Figura 4.1. Modelos de embalajes retornables multiuso.

3   Objetivos del proyecto

- Utilizar *embalajes retornables multiuso,* sin que suponga un incremento en los costos de embalaje, mediante:

    - El estudio de nuevos modelos de embalaje que se adapten a las características de la mercancía, analizando de esa manera posibilidades de inversión (compra) o de subcontratación (alquiler) de embalajes.
    - El análisis de los costos de transporte que supone el retorno de embalajes.

- Mejorar el *aprovechamiento de los vehículos* para reducir los costos de transporte mediante:

    - La selección del transportista más adecuado, teniendo en cuenta que los tráficos van a ser de ida y retorno (para la recuperación de embalajes).
    - El análisis de los beneficios que supone una mayor ocupación de los vehículos.

4   Alternativas de mejora de embalaje

En la tabla 4.1 se detalla el consumo de embalajes correspondiente a un año.

Por otro lado, las alternativas de mejora a los embalajes con los que cuenta la empresa quedan reflejadas en la tabla 4.2.

Embalajes	Consumo de unidades	Costo total	Costo unitario	Observaciones
Cajas de cartón	116.652	116.652 $	1 $	Costo unitario promedio para cajas de varios tamaños
Cercos de cartón	3.916	23.496 $	6 $	Dimensiones de 1.200 × 800 mm En el precio está incluida la tapa
Palé de madera	8.880	87.024 $	9,8 $	Palé de 800 × 1.200 mm y 1.000 × 1.200 mm El costo unitario es el promedio de ambos
Tubos metálicos	15.044	69.202 $	4,6 $	Medidas estándar de 1,8 m de altura
Total		296.374 $		

Tabla 4.1. Consumo y costos de embalajes durante un año.

4.1 Cajas de cartón por cajas de plástico en propiedad

La utilización de cajas de plástico reúne una serie de ventajas:

- Permiten el apilado (cuando van cargadas) y el encajado (cuando vuelven vacías).
- Existen modelos de cajas de 20, 40 y 60 litros de capacidad.
- El precio medio de los modelos es de 4,5 $.
- El movimiento medio es de 10.000 cajas al mes.
- Si el retorno es semanal (una semana en fábrica para la fabricación, una semana en transporte de ida y vuelta y una semana en el cliente), se justifica una necesidad de 7.500 cajas, cuyo valor es de 33.750 $.
- Si el retorno es quincenal (dos semanas en el cliente), la inversión en cajas aumenta a 10.000 unidades y el valor aumenta a 45.000 $.

Embalajes actuales		Alternativas de mejora
Cajas de cartón	⇨	Cajas de plástico en propiedad Consorcio *(pool)* de cajas de plástico
Cercos de cartón	⇨	Cercos de madera en alquiler Cajas de madera en propiedad
Bastidores (palé + cartón + tubos)	⇨	Contenedores metálicos adaptados *(bacs)* en propiedad

Tabla 4.2. Alternativas de mejora de embalajes.

Concepto	Retorno semanal	Retorno quincenal
Precio de compra Costo financiero de la inversión (15 %)	4,5 $ 0,7 $	4,5 $ 0,7 $
Total de compra	5,1 $	5,1 $
Costo por uso (30 usos)	0,2 $	0,2 $
Transporte de retorno	0,6 $ (198/300)	0,4 $ (258/600)
= Costo por movimiento	0,8 $	0,6 $
Costo actual	1 $	1 $
Ahorro por movimiento	0,1 $ (14 %)	0,4 $ (38 %)

Tabla 4.3. Estimación de los costos según sea el retorno de los embalajes.

- El costo financiero de la inversión puede considerarse equivalente al 15 % del valor de compra.
- En el transporte de retorno, en cada metro cúbico caben 60 cajas plegadas.
- La tarifa correspondiente a los tráficos es la siguiente:

  - De 3 a 5 m³: 198 $.
  - De 5 a 8 m³: 258 $.

Mientras que el escandallo de costos se refleja en la tabla 4.3.

Hay que tener en cuenta, a la hora de seleccionar la alternativa, que si el retorno es quincenal el ahorro por movimiento aumenta de manera considerable (aproximadamente un 22 %), pero también la inversión en cajas de plástico será mayor.

Figura 4.2. Modelos de cajas de plástico.

4.2   Cajas de cartón por consorcio de cajas de plástico

Los consorcios de embalajes son organizaciones privadas, en ocasiones formadas por entidades usuarias de embalajes (fabricantes, operadores logísticos, etc.), cuya finalidad es mantener un circuito de intercambio de embalajes, los cuales han de cumplir unas normas de calidad y han de tener unas dimensiones estandarizadas, mediante el pago por el uso de dichos embalajes.

La operativa de un consorcio de embalajes es la siguiente:

– El consorcio entrega sus equipos a los fabricantes/productores según sus requerimientos y con garantía de disponibilidad y puntualidad.
– Éstos envían sus productos en los palés o contenedores del consorcio a sus clientes/distribuidores.
– El consorcio se encarga de recoger los equipos en los puntos finales y llevarlos a sus centros de servicio para clasificarlos, revisarlos y repararlos, con el fin de volverlos a poner a disposición de nuevos fabricantes/productores en óptimas condiciones de higiene y calidad.
– Una vez revisados/reparados, el consorcio vuelve a entregar los palés y contenedores a los fabricantes/productores.

No obstante, en el caso que nos ocupa, todos los envíos no son susceptibles de utilizar este sistema porque:

– Los clientes europeos no pueden retornar los embalajes, porque el precio del transporte de retorno es superior al del embalaje.

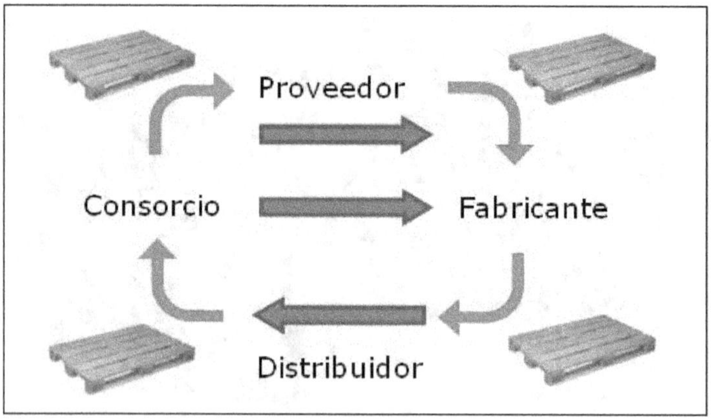

Figura 4.3. Esquema del funcionamiento de un consorcio de embalajes.

Cajas de cartón (situación actual)		*Consorcio de embalajes (situación futura)*	
Concepto	*Costo ($)*	*Concepto*	*Costo ($)*
Cajas (10 cajas × 1 $)	10	Contenedor (1 palé + 10 cajas + 1 tapa)	18,9
Palés	7,5	Alquiler (10 días)	4
		Gastos de administración por movimiento	0,6
Total	17,5	Total	23,5
Diferencia = 6 $ (+37 %)			

Tabla 4.4. Comparación entre la situación actual y la de consorcio de embalajes.

– Ocurre lo mismo con los clientes estadounidenses cuyos consumos son bajos.

Por ello, cabe suponer un grado de aplicación de este sistema del 50 %.

La unidad de servicio se realiza con un contenedor que se compone de palé + 10 cajas + tapa.

El servicio incluye:

– Entrega en origen.
– Recogida en destino.
– Revisión.
– Limpieza.
– Reposición en origen del mismo contenedor o de otro de similares características.

En la tabla 4.4 se puede apreciar una comparación en términos homogéneos (10 cajas) entre la situación actual (cajas de cartón) y la de consorcio de embalajes.

Resumiendo lo visto hasta aquí, compararemos ahora las distintas alternativas analizadas: las cajas de cartón, las cajas de plástico en propiedad y el consorcio de embalajes.

En ambas se parte de un gasto anual de 116.652 $ y una aplicación del 50 %.

Alternativas	*Variación de costos (%)*	*Ahorro ($)*
Propiedad (retorno semanal)	–14	–7.805
Propiedad (retorno quincenal)	–38	–21.186
Consorcio	+37	+20.629

Tabla 4.5. Ahorro que se obtiene según las diferentes alternativas a las cajas de cartón.

	Retorno semanal *20 contenedores*	*Retorno quincenal* *40 contenedores*
Tarifa	198 $	258 $
Costo de transporte retorno unitario	9,9 $/movimiento (198/20 contenedores)	6,4 $/movimiento (258/40 contenedores)
Costo de alquiler contenedor	2,7 $/movimiento	3,6 $/movimiento
Costo unitario	12,6 $/movimiento	10 $/movimiento

Tabla 4.6. Costos por movimiento de contenedores.

La adquisición del embalaje supondrá para la compañía:

– Inversión económica.
– Gestión del área de embalajes, lo que supone las siguientes actividades:

- Registrar movimientos de entradas y salidas.
- Efectuar el inventario de embalajes.
- Facturar y cobrar pérdidas y averías cuando se imputan a usuarios externos, clientes, almacenistas y transportistas.
- Revisión y mantenimiento de los embalajes (con medios propios o subcontratados).
- Reposición de embalajes (perdidos y averiados).

En cuanto a las características de las cajas y contenedores de plástico, se pueden destacar las siguientes:

– Son muy rentables, sólidos, fáciles de apilar y paletizar.
– Se integran muy fácilmente en la cadena logística.

4.3 *Cercos de cartón por cercos de madera de alquiler*

– Contenedor formado por cinco cercos.
– El proveedor alquila a una empresa los siguientes elementos al precio = 0,05 $/día:

Cerco 0,02 $	
Tapa 0,01 $	= 0,05 $/día
Palé 0,02 $	

Figura 4.4. Cercos de madera.

— *Si el retorno es semanal:*
   Para un movimiento se requieren 21 días (tres semanas):
   21 días × [(5 cercos × 0,02) + 0,01 + 0,02] = 2,73 $/movimiento.

— *Si el retorno es quincenal:*
   Para un movimiento se requieren 28 días (cuatro semanas):
   28 días × [(5 cercos × 0,02) + 0,01+ 0,02] = 3,64 $/movimiento.

Se debe tener en cuenta que el transporte de retorno es por cuenta de la empresa.

En la tabla 4.6 se refleja el costo que supone a la empresa el movimiento de contenedores, que en ambos casos es de 1.000 unidades.

El análisis comparativo de estas dos posibilidades se refleja en la tabla 4.7.

Según los resultados, ambas alternativas son buenas.

A medida que aumenta el plazo de retorno, el precio unitario es menor, pero los gastos de alquiler de contenedores se incrementan porque el número de contenedores inmovilizados en el destino también es mayor.

	Costos actuales	*Costos futuros*	*Diferencia*	*Porcentaje*
Semanal	14	12,7	−1,3	−10
Quincenal	14	10,1	−3,9	−28

Tabla 4.7. Análisis comparativo de costos entre la situación actual y los costos futuros.

Concepto	Precio ($)
Caja (4 laterales)	61,2
Tapa	8,6
Palé	7,5
Transporte	1,7
= Costo por contenedor	= 79
Costo financiero de la inversión (15 %)	11,8
Costo total	90,8
Costo por movimiento (30 usos)	3 $/movimiento
Inversión **(consumo mensual de 300 unidades)**	23.700 (300 u. × 79)

Tabla 4.8. Inversión en cajas de madera.

El alquiler de embalajes supone que:

– El propietario de los elementos (fabricante, consorcio, etc.) los alquila a un precio determinado (costo/día, mes, año, movimiento, etc.).
– Puede estar incluido o no el aprovisionamiento desde el punto donde están almacenados los embalajes.
– No están incluidas las roturas por uso indebido.
– Tampoco se incluye el riesgo de pérdidas por envíos a proveedores o clientes.
– El alquiler perdura hasta la devolución total de los elementos.
– En este tipo de contratos se solicitan fianzas que garanticen una parte del valor de los embalajes cedidos en alquiler.

	Retorno semanal *20 contenedores*	*Retorno quincenal* *40 contenedores*
Tarifa	198 $	258 $
Costo transporte retorno unitario	9,9 $/movimiento (198/20 contenedores)	6,4 $/movimiento (258/40 contenedores)
Costo por movimiento	3 $/movimiento	3 $/movimiento
Costo unitario	12,9 $/movimiento	9,4 $/movimiento

Tabla 4.9. Estimación de costos según el plazo de recuperación.

	Costos actuales	*Costos futuros*	*Diferencia*	*Porcentaje*
Semanal	14	13	–1	–8 %
Quincenal	14	9,5	–4,5	–33 %

Tabla 4.10. Análisis comparativo entre la situación actual y la futura.

4.4   Cercos de cartón por cajas de madera en propiedad

La inversión efectuada en cajas de madera se refleja en la tabla 4.8.

Mientras que el escandallo de costos según el plazo de recuperación se refleja en la tabla 4.9.

El análisis comparativo de estas dos posibilidades se refleja en la tabla 4.10.

La conclusión que se refleja en la tabla 4.10 es que la ventaja del retorno semanal respecto al quincenal (+25 %) es importante, considerando que no hay que aumentar la inversión en contenedores.

Compararemos ahora las distintas alternativas a los cercos de cartón, los cercos de madera en alquiler y las cajas de madera en propiedad.

En todas ellas se estima un grado de aplicación del 50 % de las operaciones, ya que todos los envíos no son susceptibles de utilizar estos sistemas.

El gasto anual es de 55.216 $ (número de cercos movidos al año × precio del cerco más el palé = 3.916 cercos × 14,1 $).

Según los resultados mostrados en la tabla 4.11, las conclusiones a las que se puede llegar son las siguientes:

— La recuperación quincenal minimiza los costos por movimiento.
— Las alternativas de compra en propiedad (inversión) tienen un plazo de entrega de entre 4 y 6 semanas, y la de las empresas de alquiler es inmediata.
— Se podría iniciar el proceso con un sistema de alquiler, y transcurrido un plazo de tiempo estudiar la posibilidad de pasar a la alternativa de inversión.

Alternativas	*Disminución de costos (%)*	*Ahorro ($)*
Cercos de madera:		
Alquiler (retorno semanal)	–10	2.758
Alquiler (retorno quincenal)	–28	7.723
Cajas de madera:		
Propiedad (retorno semanal)	–8	2.207
Propiedad (retorno quincenal)	–33	9.103

Tabla 4.11. Ahorro que se obtiene según las diferentes alternativas a los cercos de cartón.

Concepto	*Precio*
Pieza metálica	68,6 $/u.
Tubos (4 × 2,43)	9,7 $
= Costo por contenedor	= 78,3 $/u.
Costo financiero de la inversión (15 %)	11,7 (15 % de 78,3)
Costo total	90 $/u.
Costo por movimiento (30 usos)	3 $/movimiento
Inversión **(consumo mensual 250 contenedores)**	19.575 $ (250 u. × 78,3 $)

Tabla 4.12. Costos de los contenedores metálicos (bacs).

4.5 *Bastidores por contenedores metálicos adaptados mediante adquisición*

El presupuesto de adquisición detallado de los componentes de los contenedores metálicos queda reflejado en la tabla 4.12.

Las características del contenedor metálico especial son las siguientes:

- Dispone de cuatro tubos para mantener los productos separados.
- Es apilable para el transporte.
- Puede plegarse para su recuperación.
- Tiene múltiples usos.

En la tabla 4.13 se comparan los costos del sistema actual, palé con estructura de tubos de un solo uso, y el futuro contenedor metálico especial.

Suponiendo un grado de aplicación del 50 % de los usos, es decir, 1.500 contenedores al año, el ahorro que se puede obtener anualmente es:

- Retorno semanal = 1.500 contenedores × 15,1 $/movimiento = 22.650 $.
- Retorno quincenal = 1.500 contenedores × 18,6 $/movimiento = 27.900 $.

La inversión en contenedores en ambos casos es la misma.

5 Resumen de alternativas (ahorros e inversiones)

En la tabla 4.14 se muestra un resumen de las mejores alternativas al embalaje con las que cuenta actualmente la empresa.

Conceptos	Sistema actual	Sistema futuro	
		Retorno semanal	*Retorno quincenal*
Base (palé)	9,8 $	68,6 $	68,6 $
Tubos (4 × 4,56)	18,4 $ (4 × 4,6)	9,6 $ (4 × 2,4)	9,6 $ (4 × 2,4)
Costo financiero de la inversión (15 %)	–	11,8 $	11,8 $
Total	28,2 $	90 $	90 $
Número de usos	1	30	30
Costo por uso	28 $	3 $	3 $
Transporte de retorno	0	9,9 $ (198/20)	6,4 $ (258/40)
Costo total por movimiento	28 $	12,9 $	9,4 $
Ahorro ($/movimiento)	–	15 $ (54 %)	18,6 $ (66 %)

Tabla 4.13. Estimación de costos según el retorno.

Las alternativas de mejora seleccionadas aportan un ahorro anual de 56.734 $ y requieren de una inversión de 64.065 $, con lo que ésta se amortiza en algo más de un año.

En el caso de los cercos, la selección ha recaído en la alternativa que menor inversión requiere, aunque el ahorro sea menor.

Con este sistema, la empresa podrá cuando lo desee pasar del sistema de alquiler al de propiedad y mejorar los ahorros.

6   Conclusiones

- La recuperación de embalajes permite reducir los gastos de embalaje de la compañía.
- Los nuevos embalajes permiten que las cajas sean remontadas, que el aprovechamiento de vehículos sea mayor y que se reduzcan los gastos de transporte.

Embalaje	*Sistema*	*Retorno*	*Inversión ($)*	*Ahorro ($)*
Cajas de plástico	Propiedad	Quincenal	44.475	21.186
Cercos de madera	Alquiler	Quincenal	0	7.723
Cajas de madera	Propiedad	Quincenal	55.216	9.103
Contenedores metálicos	Propiedad	Quincenal	19.590	27.900

Tabla 4.14. Resumen de las mejores alternativas al embalaje actual.

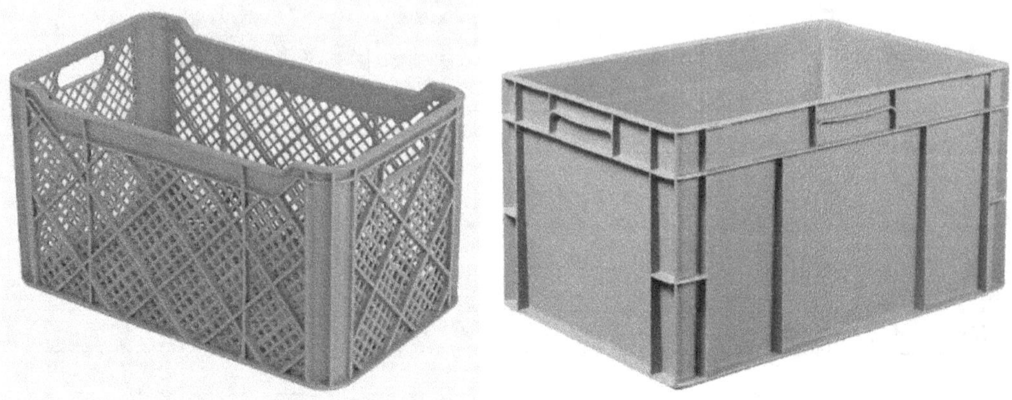

Figura 4.5. Modelos de embalajes reutilizables.

- Este tipo de embalajes aporta beneficios económicos a los clientes, ya que evita gastos de transporte de contenedores al vertedero e incineraciones.
- Este tipo de embalaje reduce los riesgos de averías y roturas porque:

  - La consistencia del material es superior.
  - Están adaptados especialmente a las características del producto.

- El uso de embalajes desechables está cada vez más penalizado económica y socialmente.

7   Información complementaria

Cualquier embalaje debe cumplir con las siguientes condiciones y características:

- Proteger la mercancía a lo largo del proceso de almacenaje y transporte.
- Minimizar las manipulaciones trabajando con unidades de carga superiores.

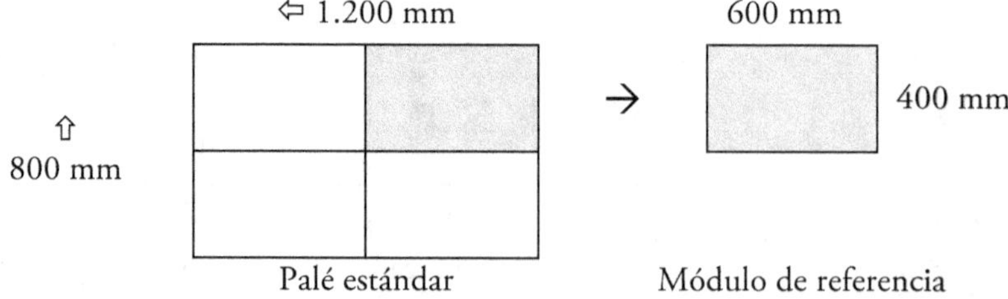

Figura 4.6. Relación entre las dimensiones estándares de un palé (1.200 × 800 mm) y el módulo de referencia.

Figura 4.7. Los elementos reutilizables ofrecen mayor resistencia al apilado y la estabilidad de la unidad de carga.

- Presentarse bajo unidades estandarizadas, modulables e intercambiables. Adaptarse a las dimensiones estándares del palé (1.200 × 800 mm) y, en la medida de lo posible, al módulo de referencia (600 × 400 mm), con lo que se pueden reducir al máximo los espacios vacíos (véase la figura 4.8).
- Resistir el apilado.
- Permanecer estable cuando está paletizado.

Figura 4.8. Los embalajes estandarizados permiten un mayor aprovechamiento del vehículo debido a la utilización de tamaños modulares.

Figura 4.9. Los embalajes estandarizados facilitan las manipulaciones y las operaciones de manutención.

Algunas de las características de los elementos reutilizables o embalajes multiuso son:

- Disminuyen los daños en el almacenamiento, el transporte y la distribución de los productos.
- Mejoran la estabilidad de la unidad de carga y la eficiencia en los procesos de carga y descarga.
- Los sistemas de embalaje multiuso con recuperación permiten reducir los gastos de embalaje de la empresa.
- Los nuevos embalajes permiten que las cargas sean remontables, que los índices de aprovechamiento de vehículos sea mayor y que se reduzcan los gastos de transporte.
- Aportan beneficios económicos a los clientes:

  - Facilitan la manipulación, el prensado, el flejado, etc.
  - Evitan el transporte de contenedores a vertederos y las incineraciones.
  - Contribuyen a la calidad de la imagen corporativa de la empresa.

- Reducen considerablemente los riesgos de averías y roturas porque la consistencia de los materiales es mayor y porque están adaptados especialmente a las características del producto.

Capítulo 5

Sistemas de gestión de palés mediante consorcios

En la década de 1960, cuando las navieras comenzaron a utilizar contenedores para el transporte intermodal, se inició un modelo de gestión de embalajes óptimo. Por un lado, cuando los contenedores llegan a su destino se vuelven a utilizar en sucesivos transportes y, por otro, no existe la necesidad de trasladarlos a su centro de origen. Las navieras, dado el elevado valor de estos embalajes, ponen mucho interés en conocer su situación y los itinerarios seguidos.

Así nacieron los sistemas de gestión de embalajes mediante consorcios, y su aplicación se ha extendido paulatinamente a otros tipos de embalaje, como los palés y las cajas.

1   Antecedentes del caso

- Se trata de una empresa dedicada a la fabricación de productos de decoración de jardines (baldosas, pedestales, jardineras, jarrones, tiestos, etc.).

- Utiliza palés de un solo uso en varias medidas debido a:

  - Las características del producto.
  - La altura de paletización que se quiere conseguir.
  - Las especificaciones del cliente.

- Los tipos de palé que se utilizan para las diferentes operaciones son:

  - Palé de 1.150 × 1.200 mm. Palé utilizado habitualmente en la compañía, el cual está adaptado a sus productos. Al tener una base más amplia que los palés normalizados permite elevar la altura de paletización sin que el conjunto pierda estabilidad. Todas las expediciones de producción se acondicionan en este

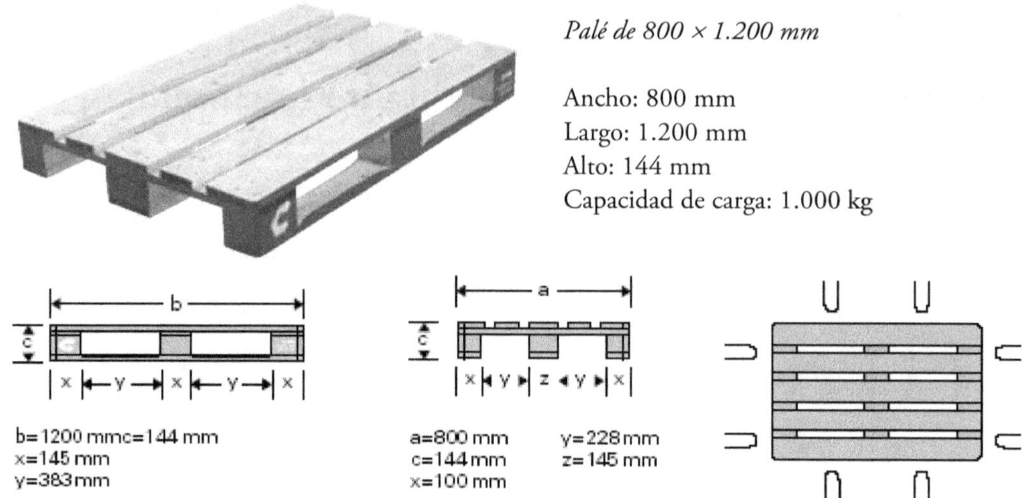

Figura 5.1. Características del palé de 800 × 1.200 mm (europalé).

modelo de palé. Se tiende a utilizar menos en la distribución porque los clientes demandan otros formatos.

- Palé de 800 × 1.200 mm. Cada vez es mayor el número de clientes que solicitan estas medidas de paletización. El departamento de expediciones debe manipular la mercancía traspasándola de los palés grandes a este formato, para llevar a cabo la expedición.
- Palé de 800 × 1.200 mm (europalé normalizado). Los clientes del sector de alimentación exigen que se cumpla esta norma de paletización para los envíos que se efectúen a sus centros.

2   Problemática de la empresa

La gestión de palés de un solo uso ocasiona a la empresa los siguientes problemas:

- **Legislación medioambiental**
  Cada día es más estricta debido a la presión social para que se utilicen embalajes recuperables por razones ecológicas, de respeto al medio ambiente y para evitar la generación de residuos. En diversos países existen normas restrictivas sobre el uso de embalajes de un solo uso.

- **Estandarización**
  En sectores como la alimentación se está imponiendo la estandarización de los palés: han de ser de 1.200 × 800 mm o de 800 × 600 mm.

- **Costos elevados**
  Debido a que se utilizan sólo una vez.

- **Manipulaciones**
  El traspaso de la mercancía del palé de producción al de distribución es un costo sin valor añadido alguno en cuanto a la mano de obra que requiere y, además, se producen roturas en este proceso.

- **Riesgo de roturas**
  La adquisición de embalajes de un solo uso generalmente se orienta a minimizar el costo de las compras. Esto lleva a la compra de embalajes donde se han utilizado materiales de baja calidad o de segunda mano para su fabricación, por lo que las manipulaciones suponen un riesgo importante de roturas, con el consiguiente costo económico y una deficiente imagen de calidad hacia los clientes que reciben la mercancía deteriorada.

3   Objetivos del proyecto

- **Utilizar palés recuperables**
  Que sean de mejor calidad que los actuales para reducir el costo de las roturas y que cumplan con la legislación vigente. Debe estudiarse el sistema de recuperación de palés y el sistema de control administrativo.

- **Evitar manipulaciones**
  Estudiar la posibilidad de que el departamento de producción utilice el mismo modelo que se emplea para expedir el producto.

- **Minimizar los costos**
  La gerencia está preocupada porque el cambio del sistema origine un incremento de costos, debido a la mejora de la calidad de los embalajes o por los costos de su recuperación.

4   Situación de partida

4.1   *Consumos anuales*

En el período de un año, las compras de palés son las que se reflejan en la tabla 5.1.
  La previsión de crecimiento de la compañía se orienta en mayor medida hacia la distribución comercial (grandes superficies, centros de jardinería, bricolaje, etc.).

Tipo de palé	*Unidades compradas*	*Costo total ($)*	*Precio unitario ($)*
1.150 × 1.200 mm	6.162	45.000	7,3
800 × 1.200 mm	13.877	76.300	5,5
800 × 1.200 mm (europalé)	1.824	13.700	7,5
Total	21.863	135.000	6,1

Tabla 5.1. Consumos anuales de los diferentes tipos de palé.

4.2 Manipulaciones

En la actualidad, el departamento de producción utiliza un palé de tamaño superior al estándar para ubicar las unidades de producto terminado en la línea de acabado y para su almacenamiento posterior.

Sin embargo, las unidades de carga sufren una transformación con vistas al proceso de expedición:

- *En el tamaño base del palé.* Del palé de 1.150 × 1.200 mm se pasa al modelo 800 × 1.200 mm.
- *En la forma.* Según los requerimientos del pedido del cliente (palés de varias referencias distintas).

Los palés grandes, que representan el 28 % de las unidades consumidas, son los únicos en que la mercancía no se traspasa a palés menores y se envía directamente a los clientes finales.

En el resto de las operaciones, es decir, el 72 % de los palés expedidos, hay que cambiar el modelo de paletización.

4.3 Flujos de palés (entradas de proveedores)

En la situación de partida, existen diversos tipos de proveedores que envían mercancías a la empresa:

- Proveedores de cartón (cajas, separadores, cantoneras, etc.).
- Proveedores de plástico (bobinas de plástico retráctil, bolsas, etc.).
- Subcontratistas de producto terminado.

Estos proveedores suministran sus mercancías en palés con las siguientes características:

Proveedores	Producto	Palés recibidos	Características
Plástico	Bobinas y bolsas	500	1.200 × 1.200 mm reforzado para peso
Cartón 1	Cajas varias	1.300	1.000 × 1.100 mm de baja calidad
Cartón 2	Planchas y cantoneras	1.450	1.200 × 1.200 mm de baja calidad
Subcontratistas de producto terminado	Pintura, cromados, barniz, etc.	1.500	Tamaños varios de baja calidad

Tabla 5.2. Flujos de entrada de palés.

- Diversas medidas.
- Desechables, de un solo uso.
- Generalmente de baja calidad.

El análisis de estos flujos indica que se han realizado los movimientos que se describen en la tabla 5.2.

4.4   Flujos de salida de palés

En la logística de distribución, los flujos de palés, durante un período anual, son los que se reflejan en la tabla 5.3.

Distribución nacional			Exportación		
Provincia	%	Núm. de palés	País	%	Núm. de palés
A	18	2.520	1	5	400
B	8	1.120	2	18	1.440
C	15	2.100	3	2	160
D	18	2.520	4	6	480
E	3	420	5	2	160
F	25	3.500	6	54	4.320
G	6	840	7	11	800
H	3	420	8	2	160
I	4	560			
Total	64	14.000	Total	36	7.920

Tabla 5.3. Flujos de salida de palés.

4.5 *Consumos por canal de distribución*

Considerando el canal de distribución, los consumos de palés durante un período anual son los que se pueden ver en la tabla 5.4.

5 Alternativas de mejora

Tras analizar su situación, la dirección de la empresa se plantea las siguientes alternativas de mejora:

- **Palés de proveedores**
  Integrar a los proveedores en el circuito haciendo que suministren sus materiales en los mismos formatos de paletización que utiliza la compañía para la distribución.

- **Recuperación**
  Gestionando el parque de palés y recuperándolos para reutilizarlos.

- **Palés de segunda mano**
  Adquiridos a recuperadores.

- **Sistema de gestión de palés mediante consorcios**
  Alquiler temporal del palé a empresas especializadas en su recuperación, reparación y reutilización.

Canal	*Clientes*	*Consumo año* x		*Previsión año* x + 1
		%	*Unidades*	*Unidades*
Delegación propia	Zona A (crecimiento año: 10 %)	6	1.315	1.450
Grandes superficies	(Crecimiento año: 100 %)	8	1.754	3.500
Distribuidores	Nacionales (en exclusiva) (crecimiento año: 10 %)	9	1.973	2.200
Otros clientes	Nacionales (crecimiento año: 10 %)	41	8.987	9.900
Exportación	Distribuidores y mayoristas (crecimiento año: 10 %)	36	7.891	8.712
Total		100	21.920	25.762

Tabla 5.4. Consumos por canal de distribución.

Como las cuatro alternativas cumplen con los requisitos solicitados en los objetivos del proyecto, la decisión se debe orientar hacia aquella que minimice el costo por operación y, por tanto, el gasto total.

5.1 Análisis de las alternativas de mejora

5.1.1 Palés de proveedores

- Los palés de un solo uso resultan un despilfarro debido a que la compañía absorbe la totalidad de su costo sin posibilidad de volver a utilizarlos, con el costo añadido de tener que deshacerse de ellos (habilitar un contenedor, transportarlo a un vertedero y pagar la ecotasa del vertedero).
- Anualmente se incorporan a la empresa 4.750 palés (20 por día) de proveedores, de diferentes características a los de la compañía. Como son de un solo uso, son de baja calidad, lo que dificulta su posterior utilización.
- Se debe tratar con los proveedores para que en el futuro adapten sus palés a las medidas normalizadas de la compañía. En la medida en que los palés se adapten a la norma establecida y soliciten a su vez a sus proveedores la utilización de la misma norma, irán ampliándose los beneficios del sistema a todos los usuarios (régimen de transferencia).
- En ocasiones no es posible extender la norma a todos los proveedores por las características específicas del producto.
- Los beneficios del sistema son evidentes. Si la compañía consigue que sus proveedores le suministren los 4.750 palés por este sistema, se evita tener que comprarlos, con lo que, a los precios de referencia, esta medida representa de 24.000 a 30.000 $/año. Adicionalmente, se evita el costo que generan los embalajes residuales.

5.1.2 Recuperación de palés

- Esta medida se descarta dada la baja calidad de los palés, ya que la recuperación, además de ser costosa (control del parque, gestión y transporte), tiene una efectividad escasa porque los palés que se recuperan están muy deteriorados.

5.1.3 Palés de segunda mano

- Hay empresas que se dedican a la recuperación de palés usados. Una vez revisados y reparados los clasifican según sus medidas y características para venderlos.

– El sistema consiste en adquirir palés usados a los recuperadores de la zona una vez que hayan sido reparados, revisados y clasificados conforme a los parámetros de calidad establecidos con el recuperador.

– Este sistema supone trabajar con palés de un solo uso, traspasando la gestión de recuperación y revisión a un tercero.

– Conviene ser muy estrictos a la hora de fijar los parámetros de calidad del palé de segunda mano, ya que afecta a la imagen de la compañía en lo que a presentación de producto se refiere y al índice de roturas y averías si la calidad del palé es baja.

– Los precios oscilan entre 3,9 y 4,5 $/unidad, dependiendo de la calidad de los palés. Las ventajas económicas son significativas y los resultados, inmediatos.

– Para adaptarse a este sistema de trabajo, la compañía no debe cambiar sus procedimientos de trabajo, sino únicamente de proveedor.

– De adoptarse este procedimiento, la medida afectaría a los palés de 800 × 1.200 mm, ya que los especiales no se encuentran en este mercado.

5.1.4   *Sistema de alquiler de palés a consorcios*

– Los consorcios de alquiler de palés proporcionan al fabricante los palés necesarios para cubrir sus necesidades de producción, y la gestión de recuperación de los mismos la realizan ellos en los puntos de destino de las mercancías del fabricante.

– Previamente, se establece un convenio de colaboración con los destinatarios de los palés para que éstos faciliten la recogida de los palés recibidos de ese proveedor o de otros.

– A largo plazo, es el método más conveniente por razones económicas y de organización:

  - La exactitud de medidas y el buen estado de uso del palé alquilado facilita la automatización del paletizado en las líneas de envasado.
  - La gestión física y el control de la recuperación queda en manos de terceros.
  - Posibilita una reducción de costos en cascada, por la vía de rotación del *stock* (alquiler por días), transferencias a clientes, transferencias de proveedores, etc.

– La operativa del sistema de alquiler de palés a consorcios es la que se aprecia en la figura 4.3 (véase el capítulo 4).

– El procedimiento de alquiler de palés requiere los siguientes pasos:

  - Identificación de los clientes como puntos de entrega siempre que colaboren con el consorcio en la recuperación de los palés. En los puntos donde no se

Palé de 800 × 1.200 mm	
Operación	*Precio ($)*
Precio de venta	10,5
Precio de recompra	7
Diferencia $/unidad	3,5

Palé de 1.000 × 1.200 mm	
Operación	*Precio ($)*
Precio de venta	11,7
Precio de recompra	7,5
Diferencia $/unidad	4,2

Tabla 5.5. Ofertas del consorcio de alquiler de palés.

llega a un convenio con el cliente no se pueden enviar palés del consorcio y, en el caso de que se envíen, la responsabilidad de su recuperación es del arrendatario.

- Comunicación al proveedor con una semana de antelación de las necesidades de palés. El suministro se efectúa en lotes de 500 unidades (camión completo).
- Notificación semanal/quincenal al consorcio de los puntos de entrega a los que se han enviado los palés y la cantidad enviada.
- Inventarios periódicos de las existencias de palés. Las diferencias de inventarios corresponden a palés extraviados o enviados a puntos no autorizados.
- Responsabilidad económica del arrendatario por los palés extraviados.

5.1.4.1   Ofertas de alquiler de palés

En la tabla 5.5 se pueden ver las ofertas recibidas de un consorcio de alquiler de palés.

Esta propuesta supone comprar los palés a un precio y, cuando se le comunica al consorcio el destino al que se han enviado, éste abona una cantidad en concepto de recompra y, a partir de ese momento, gestiona el seguimiento y la recogida de ese palé, que vuelve a ser de su propiedad.

El diferencial de precio entre ambas operaciones es el costo por movimiento.

En este caso, el precio neto debería incrementarse en el costo financiero de la inmovilización de capital, que sería mayor en los casos de rotaciones bajas y elevados niveles de existencias de palés.

6   Cuentas de explotación según alternativas

Aplicaremos a los movimientos previstos para el año x los precios en vigor (año $x-1$), para estimar el gasto por este concepto (punto de partida) y hacer comparaciones con el gasto que supondría adoptar los otros sistemas alternativos analizados (véase la tabla 5.6).

Destinos	Previsión consumo palés año x	Precio unitario ($)	Costo total ($)
Delegación propia	1.450	5,5	7.900
Grandes superficies	3.500	7,5	26.200
Distribuidores	2.200	5,5	12.100
Resto clientes nacional	9.900	6,5 *	64.300
Exportación	8.712	7,3	62.700
Total	25.762	6,7	173.200

* Se ha aplicado el precio de los formatos de 800 × 1.200 mm (7,45 + 5,48)/2.

Tabla 5.6. Previsión anual de consumos por canal de distribución.

6.1 Cuenta de explotación: palé de segunda mano

Sobre los movimientos previstos debe aplicarse el precio de cada alternativa para conocer el impacto económico (véase la tabla 5.7).

Esta alternativa supone pasar a un gasto de 135.100 $ y obtener una reducción de costos de 38.100 $, es decir, un 22 %.

6.2 Cuenta de explotación: consorcio de palés

La oferta del proveedor (véase la tabla 5.8) considera que todos los puntos de entrega están autorizados y asume en el precio el costo de la pérdida de palé.

Destinos	Previsión consumo palés año x	Precio unitario ($)	Costo total ($)
Delegación propia	1.450	4,2[1]	6.000
Grandes superficies	3.500	4,2	14.700
Distribuidores	2.200	4,2	9.200
Resto clientes nacional	9.900	4,2	41.600
Exportación	8.712	7,3[2]	63.600
Total	25.762	5,2	135.100

[1] Precio medio de las ofertas recibidas de recuperadores de la zona (3,91 + 4,51)/2 = 4,21.
[2] Como no existen en el mercado de recuperación palés de estas características, se utiliza el palé actual.

Tabla 5.7. Simulación económica de aplicar el precio de palé recuperado.

Destinos	Previsión consumo palés año x	Precio unitario ($)	Costo total ($)
Delegación 1	1.450	3,5	5.200
Grandes superficies	3.500	3,5	12.600
Distribuidores	2.200	3,5	7.900
Resto clientes nacional	4.950	3,5	17.800
	4.950	3,5	17.800
Exportación	7.920[1]	5,5	43.600
Total	24.970	4	104.900

[1] Para exportación del palé actual.

Tabla 5.8. Simulación económica de utilizar el palé del consorcio.

En función de los análisis de los destinos y de que los clientes colaboren en la devolución de palés, este precio puede reducirse.

7   Cuantificación del ahorro según alternativas

En la tabla 5.9 se observa cada una de las alternativas analizadas y el contraste con la situación actual.

Las alternativas de alquiler de palés ofrecen una mejor solución económica que la de utilizar palés de segunda mano, por la calidad del palé.

La importancia del ahorro que se obtiene con este sistema invita a la compañía a realizar los cambios para su implantación con la mayor brevedad posible.

8   Comentarios finales

En el sistema de consorcio de alquiler de palés, cada una de las partes que intervienen ha de cumplir unos principios de funcionamiento:

- Los proveedores o distribuidores tienen libertad de elegir el consorcio.
- Los palés son propiedad del consorcio.
- El proveedor es el cliente del consorcio.
- El sistema de consorcio se basa en el principio de que quien pierda un palé debe pagarlo.

Alternativas	Costo unitario ($)	Costo total ($)	Diferencia	
			Ahorro ($)	Porcentaje
Situación actual	6,7	173.200	0	0
Palés de segunda mano	5,2	135.100	38.100	22
Proveedor B	4,2	104.900	68.300	39

Tabla 5.9. Simulación económica de alternativas.

– Se establecen acuerdos entre proveedor-distribuidor, distribuidor-consorcio y consorcio-proveedor, para la gestión y el control de los palés.
– Lo que se pretende con este sistema es la mejora en la eficiencia de la cadena de suministro.

Capítulo 6

Reducción de costos de embalaje

La gestión de embalajes puede aportar a las empresas un significativo ahorro cuantitativo y cualitativo en sus costos, ya que los productos que envían a sus clientes llegan en mejores condiciones.

Vamos a analizar en este caso los beneficios económicos de los diferentes modelos de gestión de embalajes que las empresas pueden utilizar en sus circuitos de distribución.

1   Descripción de la empresa

- Se trata de una empresa embotelladora de agua y refrescos que distribuye sus productos en el canal de alimentación.

- Utiliza palés de un solo uso.

- Como el precio de los palés es elevado, se intenta recuperar el mayor número posible de ellos para volver a utilizarlos.

- Desde la planta embotelladora se envían los pedidos en palés, en camiones completos y en grupaje, a los clientes: distribuidores, almacenes, centrales de compras y grandes superficies.

- Este sistema de parque propio de palés requiere una administración compleja para gestionar los palés enviados a cada uno de los clientes y de sus respectivos centros de operaciones.

- El personal tiene bajo su responsabilidad llamar periódicamente a los clientes para conocer el número de palés disponible:

– Si el número justifica la recuperación, contrata un servicio de transporte para que lo ejecute.

– En caso contrario, se solicita al cliente que siga guardando los embalajes hasta que se pueda realizar la recuperación. Cuando los clientes se quejan de que los embalajes ocupan espacio y la retirada se realiza con mucho retraso, la empresa renuncia a recuperarlos. Esto suele suceder en los lugares donde el consumo es bajo y no se justifica la recuperación.

- La dirección de la empresa opina que gestionar un parque propio de embalajes con el sistema actual es muy costoso, por los siguientes motivos:

  – Administración complicada: inventarios, cargos, abonos, coordinación de transporte, llamadas a clientes, etc.

  – Revisión y reparación de los palés deteriorados.

  – Elevado número de pérdidas de palés que no se recuperan debido a que corresponden a zonas de bajo consumo.

  – Elevada inversión en el parque propio de palés.

RECOMENDACIONES PARA EL USO DE LOS PALÉS

La cadena de suministro, en su continua interacción con su entorno, se acomoda a las reglas que gradualmente exige el mercado.

La unidad de carga desempeña un papel inductor clave de un costo, que repercute sobre la productividad de la ocupación de espacio en el transporte.

Por ello se aconseja y se promueve el uso de los sistemas consorcio de palés estándar, que cumplen con el requerimiento de los usuarios y permiten obtener las eficiencias de funcionamiento de la cadena logística, sin que ello contradiga la eficiencia en la utilización de palés de parques particulares.

Los principios que rigen el funcionamiento de los consorcios contemplan la aplicación de palés construidos con cualquier tipo de material que cumpla con los requerimientos de los usuarios, que ofrezcan garantías de seguridad a los operarios, la máxima durabilidad, el mínimo impacto ambiental y que consigan una alta productividad en el almacenaje, el transporte y la manipulación. Por todo ello, fabricantes y distribuidores recomiendan el uso de palés que reúnan estas características.

En el caso del palé de madera, se recomienda utilizar las medidas 800 × 1.200 mm y 800 × 600 mm.

Respecto al diseño del medio palé, se recomienda la utilización del modelo de taco desplazado o su alternativa, DIN-15146.

Las unidades de plástico también deben estar sujetas a los requisitos del usuario, y se recomienda que midan 800 × 1.200 y 600 × 800 mm.

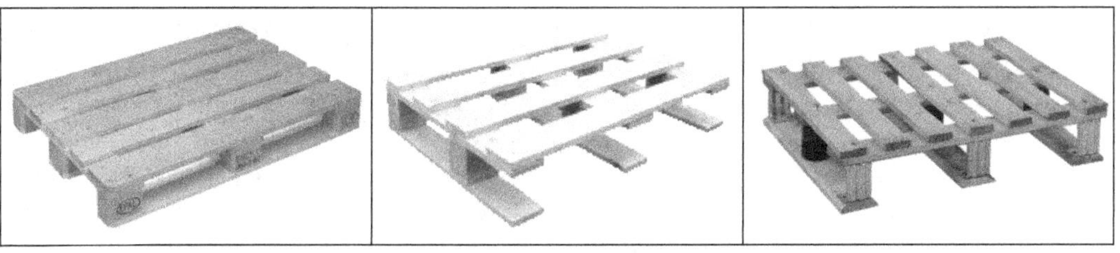

Europalé   Medio palé (taco desplazado)   Medio palé DIN (palé *clussel*)

Figura 6.1. Características de los palés más usuales.

- El volumen de movimientos de la compañía para el próximo ejercicio es de un millón de operaciones, y el precio de compra de cada elemento es de 7,8 $/palé.

- La empresa solicita un diagnóstico sobre el impacto económico del sistema actual y las posibilidades de mejora existentes.

2   Proyecto

Para el cálculo del costo por operación (en este caso costo por movimiento) se puede utilizar la siguiente fórmula:

$$\text{Costo unitario} = \frac{\text{Precio de compra}}{\text{Número de usos}} + \frac{\text{Precio de transporte de recuperación}}{\text{Número de unidades recuperadas}}$$

Vamos a ir desarrollando la fórmula en cada una de las casuísticas que se presentan a la empresa.

2.1   *Zonas de difícil recuperación*

Características del caso:

- Envíos poco frecuentes.
- Pedidos de pequeño tamaño.
- Al distribuidor de esta zona se le solicita que guarde los palés vacíos para que periódicamente se retornen a la planta embotelladora.
- Se pregunta al distribuidor por el número de palés vacíos disponibles para su recuperación, e indica que tiene disponibles 30 unidades.

- Se solicita cotización a un transportista para el viaje de retorno de los palés y ofrece un presupuesto de 481 $.
- En caso de aceptar este servicio, el costo de recuperación de cada palé sería de 16 $ (481 $/30 palés), un costo superior al de una nueva adquisición, por lo que la operación de recuperación debe desestimarse.

Una vez desestimada la recuperación, si aplicamos la fórmula del costo por operaciones para un uso (C_1), el resultado es el siguiente:

$$C_1 = \frac{7{,}8 \ \$/\text{palé}}{1} + 0 = 7{,}8 \ \$/\text{movimiento}.$$

En los casos en los que el número de palés que se han de recuperar es pequeño y la distancia es elevada, es difícil que sea rentable la recuperación.

Los casos en los que se solicita al centro distribuidor que almacene los palés hasta que su número justifique el retorno ofrecen problemas, porque el centro no admite más demoras o bien porque el número de palés inmovilizados en estos centros se eleva considerablemente.

Generalmente, las empresas optan por trabajar con palés de un solo uso en aquellos lugares en los que se plantea esta casuística.

2.2   *Zonas de consumo elevado*

Características del caso:

- El centro distribuidor informa a la empresa embotelladora que tiene disponibles 400 palés.
- La empresa solicita al transportista cotización para el viaje de retorno de los palés, la cual asciende a 481 $.
- Como el número de palés es elevado, la repercusión del transporte es menor que en el caso anterior, 1,2 $/palé (481 $/400 palés).
- En este caso, conviene aceptar la oferta de transporte para recuperar los palés de esa zona.

Una vez aceptada la recuperación, el costo por operación para dos usos (C_2) es el siguiente:

$$C_2 = \frac{7{,}8 \ \$/\text{palé}}{2} + \frac{481 \ \$}{400 \ \text{palés}} = 5{,}1 \ \$/\text{movimiento}.$$

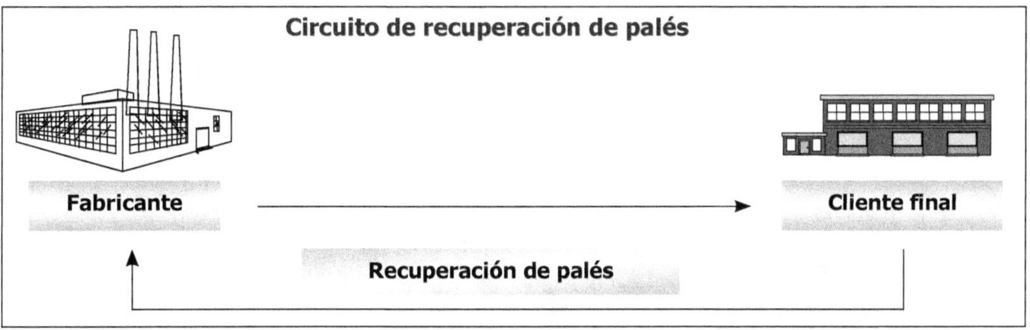

Figura 6.2. Esquema operativo de un circuito de recuperación de palés.

Suponiendo que estos palés se volvieran a mandar a otro destino y se repitiera la operación de recuperación en los mismos términos, estos embalajes podrían utilizarse por tercera vez y los costos por operación resultantes seguirían reduciéndose.

A medida que el número de usos aumenta, los costos por operación se reducen considerablemente, si bien se incrementan los gastos de mantenimiento de estos embalajes (revisión y reparación).

También hay que considerar que existen unos gastos de gestión y administración del parque de palés, aunque el importe sea difícil de determinar.

2.3 Sistemas de alquiler de palés

Si en vez de comprar los palés se decidiera alquilarlos a una empresa que se dedique a ello, la estructura de costos no experimentaría una variación sustancial, porque suponiendo que los costos de compra y los de alquiler sean similares, el transporte y las gestiones de recuperación de los palés desde los puntos de destino serían por cuenta de la empresa embotelladora y la casuística resultaría similar a la de los casos anteriores.

2.4 Sistema de consorcio de palés

Los consorcios de palés ofrecen un servicio de gestión integral de embalajes que comprende los siguientes servicios:

- Suministro a la planta de fabricación del número de embalajes que se soliciten.
- Recogida de los embalajes desde los puntos de consumo (destino) a los que se envían.
- Mantenimiento de los embalajes, que incluye su limpieza, revisión y reparación.

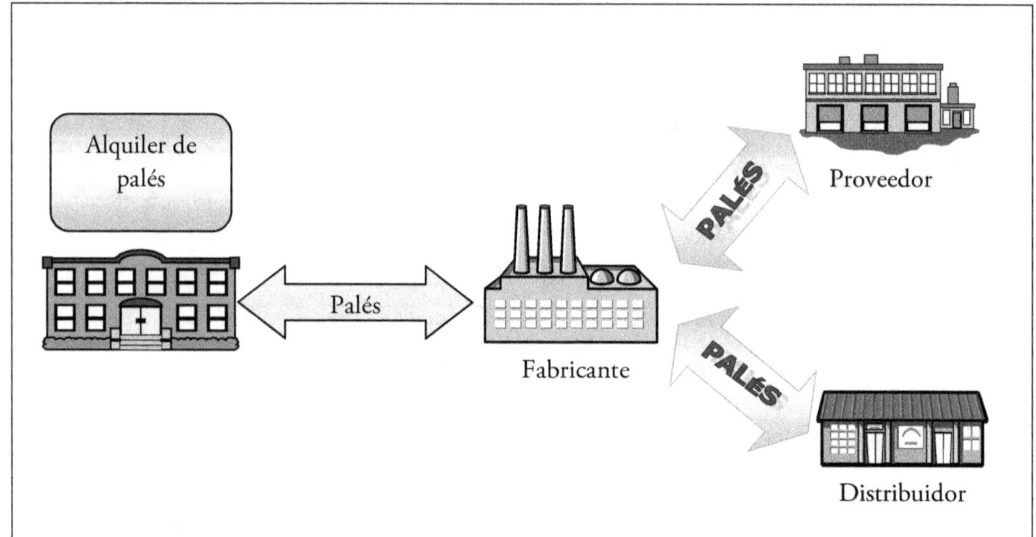

Figura 6.3. Esquema de funcionamiento de un sistema de alquiler de palés.

— Control y gestión de los inventarios en uno u otro extremo de la cadena de distribución.

Los consorcios de palés son empresas dedicadas al alquiler de embalajes que también gestionan su recuperación y mantenimiento.

Debemos tener en cuenta que a partir del proceso de normalización de los palés en el sector de la alimentación, el número de fabricantes que utilizan los servicios de los consorcios no ha dejado de incrementarse.

Esto significa que en los puntos de destino (mercados centrales de abastos, hipermercados, plataformas de distribución, centrales de compra, etc.) cada vez es mayor el número de palés propiedad de los consorcios, lo que justifica que se reduzca el ciclo de rotación del palé (tiempo que transcurre entre la salida del palé del centro de fabricación y el retorno al centro de distribución).

En los casos anteriores, la empresa debía esperar el tiempo necesario en reunir un número suficiente de palés para minimizar el costo de retorno. Ahora, con el sistema de consorcio, los flujos de palés a los centros de recogida son mayores porque el número de fabricantes que utiliza este sistema va en aumento.

El sistema de consorcio de palés tiene dos efectos directos sobre la fórmula del cálculo del costo por movimiento:

— Disminuye el número de días del ciclo de recuperación del palé en destino, por lo que ese palé se puede volver a utilizar un mayor número de veces, de manera que el primer sumando de la fórmula se reduce.

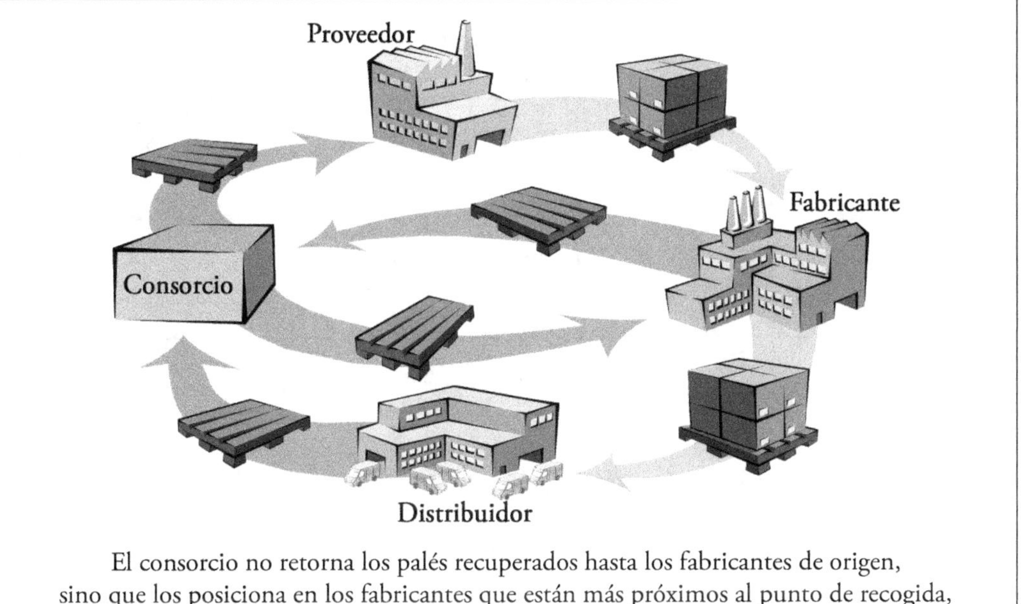

El consorcio no retorna los palés recuperados hasta los fabricantes de origen,
sino que los posiciona en los fabricantes que están más próximos al punto de recogida,
minimizando de esta manera el costo de recuperación.

Figura 6.4. Esquema de un sistema de consorcio de palés.

— El transporte de recuperación es prácticamente inexistente, porque generalmente se pueden localizar en la zona fabricantes del sector de la alimentación que estén interesados en aprovisionarse de ese tipo de palé. Luego, el segundo sumando se reduce por efecto de que se minimiza el número de kilómetros de retorno.

$$\text{Costo unitario por movimiento} = \frac{\text{Precio de compra}}{\text{Número de usos}} + \frac{\text{Precio de transporte de recuperación}}{\text{Número de unidades recuperadas}}$$

En resumen, el consorcio de palés posibilita alcanzar unos precios de entre 2,5 y 4,5 \$/movimiento.

Este intervalo de precios depende principalmente de los siguientes factores:

— Número total de movimientos del fabricante.
— Dispersión de los clientes de destino.
— Ciclo de rotación del producto.

Con este sistema debemos considerar que desaparecen los gastos generales de administración y control del parque propio de palés, así como los gastos de mantenimiento y reparación que conllevan.

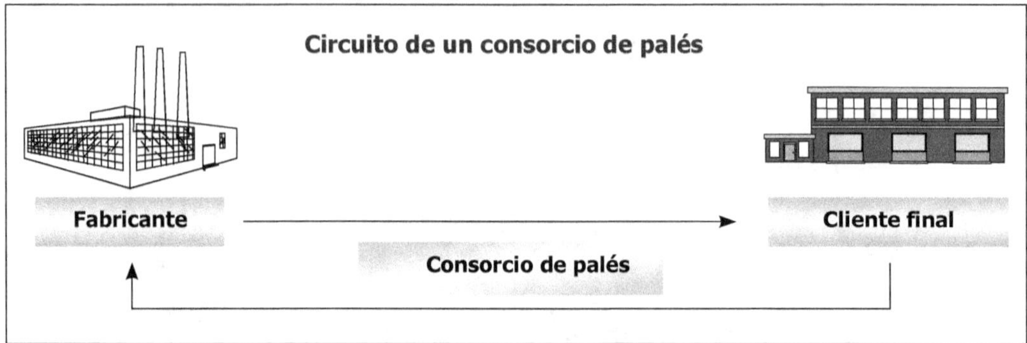

Figura 6.5. Esquema de operaciones de un consorcio de palés.

2.5   *Sistema de consorcio de palés con transferencias de proveedores*

La empresa embotelladora recibe de sus proveedores materias primas, semielaboradas, materiales auxiliares, etc., en embalajes de características muy diversas.

Estos proveedores trabajan en muchas ocasiones con palés de un solo uso y generalmente de calidad media-baja.

Cuando el volumen de movimientos es elevado, el consorcio de palés puede suministrarlos a la planta de los proveedores, para que a su vez éstos suministren sus productos en los palés recibidos desde el consorcio, los cuales se reutilizarán para los envíos de distribución de productos embotellados.

Es decir, si se introduce a los proveedores en el circuito de transferencias, de manera que el consorcio les suministre palés vacíos para que ellos los utilicen para entregar sus productos, se elimina el palé que usan los proveedores y se comparte el uso del palé normalizado, con lo que se reduce aún más el costo por operación.

En estos casos se pueden alcanzar unas cotizaciones de entre 1,5 y 2,5 $/movimiento.

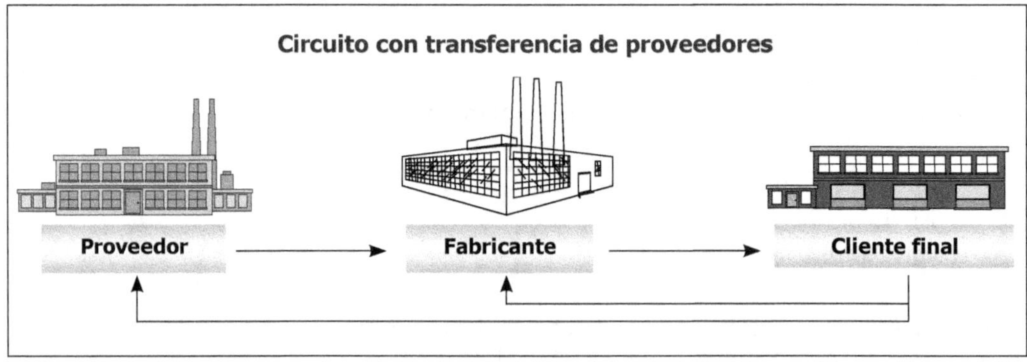

Figura 6.6. Esquema de operaciones con transferencia de proveedores.

REDUCCIÓN DE COSTOS EN CASCADA

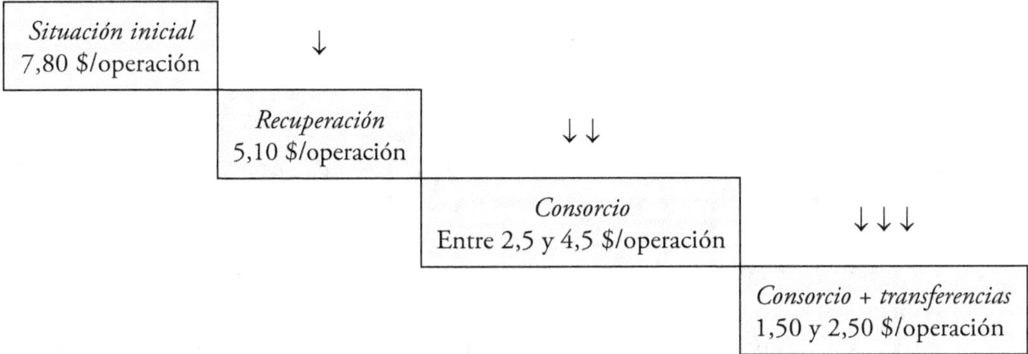

Figura 6.7. Esquema de una reducción de costos en cascada.

3 Resumen de alternativas

Es muy probable que la empresa utilice varios procedimientos diferentes de la casuística analizada porque:

- En las exportaciones a países con los que no exista un convenio adecuado o a zonas donde no llega el servicio de consorcio de palés, es conveniente enviar palés de un solo uso.
- En algunos puntos donde es fácil la recuperación de los palés, ésta se debe hacer por cuenta propia.
- En otras situaciones conviene utilizar los servicios de un consorcio de palés, siempre que los proveedores accedan al sistema de transferencias.

Por este motivo, el resumen final del costo por movimiento queda reflejado en la siguiente fórmula:

$$\text{Costo medio total} = \frac{C_1 \times \text{n.º uds.} + C_{\text{REC}} \times \text{n.º uds.} + C_{\text{CONSORCIO}} \times \text{n.º uds.} + C_{\text{TRANSFERENCIA}} \times \text{n.º uds.}}{\text{Número total de movimientos}}$$

Donde:

- C_1 = costo del palé de un solo uso.
- C_{REC} = costo del palé recuperado.
- $C_{\text{CONSORCIO}}$ = costo del palé del consorcio.
- $C_{\text{TRANSFERENCIA}}$ = costo del palé del consorcio + transferencia.

El costo medio total dependerá del número de unidades utilizadas en cada uno de los sistemas utilizados.

4   Conclusiones

Tras el análisis de la casuística expresada en los apartados anteriores, la decisión final se debe orientar a la utilización de las siguientes modalidades:

- Exportaciones y clientes de sectores diferentes del de la alimentación: palés de un solo uso.
- Centrales de compra, hipermercados, plataformas de distribución, etc.: servicios de un consorcio de palés.
- Delegaciones propias: consorcio de palés con recuperación por cuenta de la empresa embotelladora.
- Transferencia de proveedores: estimamos que este sistema se puede implantar en un número de proveedores que represente aproximadamente el 10 % de las necesidades de palés.

Adicionalmente, esta combinación de sistemas aportará a la empresa una reducción del costo por movimiento que se aproxima al 35 % de los costos de su etapa anterior.

Por otro lado, cabe esperar una importante reducción de los gastos de gestión y administración del parque propio, puesto que esas gestiones en el futuro las realizará el consorcio de palés.

Finalmente, se obtendrá una mejora en la presentación de los productos por la imagen de calidad de los palés revisados que ofrece el consorcio de palés.

5   Comentarios finales

5.1   *Ciclo de rotación de embalajes*

En la negociación de las tarifas de los sistemas de consorcio de palés intervienen principalmente dos factores:

- **En relación con la recuperación de los palés**
  Si ésta se realiza en pocos puntos de recogida y con muchas unidades, será mucho más rentable para los costos del consorcio que si la recogida se realiza en puntos muy dispersos y con pocas unidades.

- **En relación con el ciclo de rotación de los palés**

  Es el período comprendido entre que el consorcio entrega el palé al fabricante y el momento en que el consorcio recoge el palé vacío del centro de distribución.

Así, es posible encontrar situaciones muy diferenciadas:

- *En productos de muy alta rotación,* como la leche durante todo el año y los refrescos en verano, se produce un ciclo de rotación muy corto.

  Por ejemplo, si el lunes un consorcio entrega palés a una central lechera, probablemente en uno o dos días la leche estará envasada, paletizada y enviada a algún centro de distribución, el transporte durará uno o dos días, y desde la recepción hasta el consumo de ese palé pasarán dos o tres días, con lo que se da un ciclo con una duración de entre siete y diez días.

  Si ese palé, una vez recogido, se reinserta en circuitos sucesivos de fabricación de centrales lecheras, se podría renovar el ciclo entre 35 y 52 veces al año, con lo que los costos por uso serían mínimos.

- *En productos de baja rotación,* como vinos de media y alta gama y licores, pueden darse ciclos de entre 20 y 30 días de duración, que permiten un menor número de rotaciones y un número de usos inferior, razón por la que se encarecerá el precio.

- *En productos de campaña o de acusada estacionalidad,* como juguetes, helados, etc., se amplía el número de días del ciclo y se puede llegar al extremo de que se realice un solo ciclo en todo el año, con lo que el costo es muy superior.

5.2 Sistemas de gestión de embalajes

5.2.1 Parque propio

El objetivo es mantener controlado el inventario de existencias y evitar las pérdidas y deterioros de estos activos.

El método para conseguirlo se centra en:

- Codificar los diferentes modelos de embalaje, como artículos de venta de catálogo.
- Las salidas hacia los clientes se deben facturar indicando el número de unidades y precio.
- Las devoluciones de los embalajes desde los clientes generan facturas de abono.

– Mediante soportes informáticos se pueden conocer las ventas netas y las unidades de un cliente respecto a cada uno de estos artículos (entregas de embalaje – devoluciones = inventario).

5.2.2 Alquiler

En este sistema de gestión, el propietario alquila los palés a un precio pactado por días, meses, años, etc. En este alquiler pueden darse las siguientes condiciones:

– Puede estar incluido o no el aprovisionamiento desde el punto donde se encuentren almacenados los embalajes.
– Pueden no estar incluidas las roturas de elementos por uso indebido (exceso de peso, almacenamiento defectuoso, etc.).
– Puede no estar incluido el riesgo de pérdidas.

El alquiler dura hasta la devolución total de los elementos y se suele solicitar una fianza que garantice una parte del valor de los embalajes cedidos en alquiler.

5.2.3 Sistema de consorcio de palés

Se trata de empresas dedicadas al alquiler y la gestión del embalaje. Su gestión incluye:

– Entrega de los palés en el almacén del fabricante de origen.
– Recogida de los palés en el almacén de destino (cliente del fabricante).
– Revisión, reparación, lavado, acondicionado, etc., de los palés.
– Riesgo de pérdida y avería por cuenta del consorcio.

Previamente, el consorcio analiza los clientes de destino de los embalajes y autoriza los puntos de entrega que acepten el sistema de devolución.
El precio del servicio se puede establecer de modo:

– *Variable,* por conceptos (entrega en origen, alquiler por días, recogida en destino, etc.).
– *Fijo,* por movimiento (incluyendo todos los conceptos que acoge el modo variable).

Capítulo 7

Análisis ABC de las existencias

1 Análisis de inventario

En el análisis de valor del inventario de una organización, se suelen dar las siguientes proporciones:

- El 20 % de las referencias corresponden al 80 % del valor del inventario.
- El 80 % de las referencias se corresponde con el 20 % del valor del inventario.

El *análisis ABC,* también conocido como *regla 80/20* o *análisis de Pareto,* es uno de los procedimientos más conocidos para seleccionar dentro de un colectivo los elementos más representativos, según la variable que se esté seleccionando. Una vez establecido ese orden, se trata de instaurar un control más intensivo sobre los artículos más representativos.

El análisis ABC facilita una gestión eficiente de los almacenes. Este método permite determinar sobre qué artículos conviene efectuar un mayor control, sobre cuáles se exige un control intermedio y sobre cuáles otros no hace falta realizar ningún tipo de control, ya que la compensación económica sería inferior al costo que representa.

Los objetivos de este método en cuanto a la gestión de las existencias son:

- Concentrar los esfuerzos de la organización sobre los artículos más costosos (A). Estos artículos, por lo general, suponen un 10 % aproximadamente del total y un valor del 75 % de la inversión en existencias.
- Reducir el tiempo dedicado a la gestión de los artículos de escaso valor (B y C). Los artículos B suelen representar alrededor del 20 % del total de los artículos y el mismo porcentaje en valor de inversión en existencias. Los artículos C suponen alrededor del 70 % del total y tan sólo representan un 5 % de la inversión en existencias.
- Una vez que se identifican los artículos A, B y C, hay que diseñar los sistemas de control más adecuados para cada uno de ellos.

En el caso de la gestión de existencias, se podría llevar a cabo la selección tomando en consideración dos criterios:

- **Tamaño del** *stock*
  Se deberían clasificar las existencias por volumen en palés, cajas o unidades.

- **Volumen del** *stock*
  Donde la clasificación se debe establecer en función del precio de costo de las existencias.

La metodología del análisis ABC requiere los siguientes pasos previos:

1. Ordenar los artículos de mayor a menor según el nivel de existencias, valoradas económicamente.
2. Agrupación por lotes que representen, aproximadamente, una tercera parte del total.
3. Al grupo más representativo se le denomina A y al menos representativo, C.

En este caso, vamos a analizar la información que suministra una empresa del sector agroalimentario sobre sus productos terminados valorados a precio de costo (véase la tabla 7.1).

1. En primer lugar, es necesario clasificar los artículos que posee la empresa en su inventario de existencias de mayor a menor en función de la variable que se ha de analizar, que en el caso que nos ocupa es el valor de las existencias a precio de costo. En esta clasificación, se han de establecer los porcentajes de cada artículo sobre el total con el fin de conocer su importancia relativa y los porcentajes acumulados (véase la tabla 7.2).

2. En segundo lugar, se debe parcelar el conjunto de las existencias en tres partes que representen cada una un tercio del valor total (33 %, aproximadamente). Cada grupo recibe correlativamente la denominación *A, B* o *C* (véase la tabla 7.3).

2   Conclusiones

Este análisis indica que en el primer grupo, el A, se encuentran unos pocos artículos que concentran un valor muy representativo de la variable analizada (valor de las existencias a precio de costo), mientras que en el tercer grupo, el C, se encuentra un elevado número de artículos cuyo valor es muy reducido, como se puede apreciar en la tabla 7.4.

LISTADO ALFABÉTICO DE PRODUCTOS EN EXISTENCIA

Familia	Denominación	Valor existencias	Familia	Denominación	Valor existencias
49	Aceituna troceada 40 mm	4.530	55	Garbanzos súper	177.890
40	Alcachofa	22.330	75	Guisante	37.230
40	Alcachofa troceada	16.620	75	Guisante fino	1.180
70	Alubia blanca	6.870	75	Guisante industrial	53.750
70	Alubia especial	12.850	75	Guisante superfino	3.040
70	Alubias extra	55.620	41	Habas cosechadas < 14,5 mm	35.040
70	Alubias súper	38.780	41	Habas rilladas < 14,5 mm	6.900
25	Arroz	6.400	41	Judía plana trozos pequeños	4.620
25	Arroz 5 delicias	6.300	41	Judía verde plana y patata	16.120
25	Arroz clase 1	8.970	41	Judías verdes redonda troc. 26 mm	59.360
25	Arroz extra	18.320	41	Judías verdes troceada irregular	25.590
43	Coles de Bruselas 25/35 mm	19.100	88	Lentejas súper	24.570
43	Coliflor 10/20	15.060	44	Maíz clase 1	7.520
43	Coliflor 20/40	17.080	44	Maíz dulce gr.	24.470
48	Ensaladilla coliflor	7.880	48	Menestra con alcachofa	18.950
48	Ensaladilla de pasta	9.980	48	Menestra especial	28.500
48	Ensaladilla de maíz y pollo	10.200	48	Menestra huerta	14.720
48	Ensaladilla oriental	37.800	48	Menestra sin alcachofa	21.500
49	Espárrago tallo 40 mm	10.290	49	Patata dados 9/9	5.310
49	Espárrago triguero	27.830	70	Pochas	15.790
49	Espárrago yema 40 mm	2.210	49	Puerro con patata	5.610
55	Garbanzos clase 1	163.620	49	Setas	2.790
				Total	1.109.080 $

Tabla 7.1. Listado de existencias.

En síntesis, el estudio de los datos analizados refleja que:

– El 30 % de los artículos analizados, es decir, la suma de los artículos de los grupos A y B, que constituyen 13 referencias, representan el 69 % de las existencias, con un valor de 765.580 $ (70 % de la inversión).
– Los artículos del grupo C constituyen 31 referencias, es decir, el 70 % de los artículos representan el 31 % de las existencias, con un valor de 343.500 $ (30 % de la inversión).

EXISTENCIAS CLASIFICADAS DE MAYOR A MENOR Y SUBTOTALES

Denominación	*Valor ($)*	*Acumulado*	*Porcentaje $/total*	*Acumulado (%)*
Garbanzos súper	177.890	177.890	16,04	16
Garbanzos clase 1	163.620	341.510	14,75	31
Judías verdes redondas troceadas 26 mm	59.360	400.870	5,35	36
Alubias extra	55.620	456.490	5,01	41
Guisante industrial	53.750	510.240	4,85	46
Alubias súper	38.780	549.020	3,50	49
Ensaladilla oriental	37.800	586.820	3,41	53
Guisante	37.230	624.050	3,36	56
Habas cosechadas <14,5 mm	35.040	659.090	3,16	59
Menestra especial	28.500	687.590	2,57	62
Espárrago triguero	27.830	715.420	2,51	64
Judías verdes redondas troceadas irregulares	25.590	741.010	2,31	67
Lentejas súper	24.570	765.580	2,22	69
Maíz dulce gr.	24.470	790.050	2,22	71
Alcachofa huerta entera	22.330	812.380	2,01	73
Menestra sin alcachofa	21.500	833.880	1,94	75
Coles de Bruselas 25/35 mm	19.100	852.980	1,72	77
Menestra con alcachofa	18.950	871.930	1,71	78
Arroz extra	18.320	890.250	1,65	80
Coliflor 20/40	17.080	907.330	1,54	81
Alcachofa troceada	16.620	923.950	1,50	83
Judía verde plana y patata	16.120	940.070	1,45	84
Pochas	15.790	955.860	1,42	86
Coliflor 10/20	15.060	970.920	1,36	87
Menestra huerta	14.720	985.564	1,32	89
Alubia especial	12.850	998.490	1,16	90
Espárrago tallo 40 mm	10.290	1.008.780	0,93	91
Ensaladilla de maíz y pollo	10.200	1.018.980	0,92	92
Ensaladilla de pasta	9.980	1.028.960	0,92	92

Arroz clase 1	8.970	1.037.930	0,81	93
Ensaladilla coliflor	7.880	1.045.810	0,71	94
Maíz clase 1	7.520	1.053.330	0,68	95
Habas trilladas <14,5 mm	6.900	1.060.230	0,62	95
Alubia blanca	6.860	1.067.090	0,62	96
Arroz	6.400	1.073.490	0,58	96
Arroz 5 delicias	6.300	1.079.790	0,57	97
Puerro con patata	5.610	1.085.400	0,51	97
Patata dados 9/9	5.310	1.090.710	0,48	98
Judía plana trozos pequeños	4.620	1.095.330	0,42	98
Acelga troceada 40 mm	4.530	1.099.860	0,41	99
Guisante superfino	3.040	1.102.900	0,27	99
Setas	2.790	1.105.690	0,25	99
Espárrago yema 40 mm	2.210	1.107.900	0,20	100
Guisante fino	1.180	1.109.080	0,11	100
Total	1.109.080 $			

Tabla 7.2. Clasificación de las existencias según porcentajes.

3 Medidas que se han de tomar en la gestión de las existencias

- Sobre los artículos del grupo A, se debe llevar a cabo una gestión más intensiva que con los artículos de otros grupos, con motivo de la elevada inversión que se hace en ellos en cuanto a:

  - Inventarios frecuentes.
  - Revisiones de las necesidades y cantidades que se deben pedir a los proveedores.
  - Cálculo periódico de las existencias de seguridad y vigilancia de los plazos de entrega.
  - Control del cumplimiento de las previsiones de venta.

- Sobre los artículos del grupo B, la actuación que se debe llevar a cabo es similar a la de los artículos del grupo A, aunque con menor frecuencia.

- Sobre los artículos del grupo C, la atención será más relajada y el tiempo dedicado a su control y gestión deberá ser menor que en los otros casos.

EXISTENCIAS CLASIFICADAS POR EL SISTEMA **ABC**

Denominación	*Valor existencias ($)*	*Valor acumulado*	*Porcentaje*	*Porcentajes/ total*	*Categoría*
Garbanzos súper	177.890	177.890	16,04	16	A
Garbanzos clase1	163.620	341.510	14,75	31	A
Judías verdes redondas troceadas 26 mm	59.360	400.870	5,33	36	A
Subtotal grupo A (3 referencias)	**400.870**		**36,12**		
Alubias extra	55.620	456.490	5,01	41	B
Guisante industrial	53.750	510.240	4,85	46	B
Alubias súper	38.780	549.020	3,50	49	B
Ensaladilla oriental	37.800	586.820	3,41	53	B
Guisante	37.230	624.050	3,36	56	B
Habas cosechadas < 14,5 mm	35.040	659.090	3,16	59	B
Menestra especial	28.500	687.590	2,57	62	B
Espárrago triguero	27.830	715.420	2,51	64	B
Judías verdes redondas troceadas irregulares	25.590	741.010	2,31	67	B
Lentejas súper	24.570	765.580	2,22	69	B
Subtotal grupo B (10 referencias)	**364.710**		**32,90**		
Maíz dulce gr.	24.470	790.050	2,22	71	C
Alcachofa huerta entera	22.330	812.380	2,01	73	C
Menestra sin alcachofa	21.500	833.880	1,94	75	C
Coles de Bruselas 25/35 mm	19.100	852.980	1,72	77	C
Menestra con alcachofa	18.950	871.930	1,71	78	C
Arroz extra	18.320	890.250	1,65	80	C
Coliflor 20/40	17.080	907.330	1,54	81	C
Alcachofa troceada	16.620	923.950	1,50	83	C
Judía verde plana y patata	16.120	940.060	1,45	84	C
Pochas	15.790	955.860	1,42	86	C
Coliflor 10/20	15.060	970.920	1,36	87	C
Menestra huerta	14.720	985.564	1,32	89	C
Alubia especial	12.850	998.490	1,16	90	C

Espárrago tallo 40 mm	10.290	1.008.780	0,93	91	C
Ensaladilla de maíz y pollo	10.200	1.018.980	0,92	92	C
Ensaladilla de pasta	9.980	1.028.960	0,92	92	C
Arroz clase 1	8.970	1.037.390	0,81	93	C
Ensaladilla coliflor	7.880	1.045.810	0,71	94	C
Maíz clase 1	7.520	1.053.330	0,68	95	C
Habas trilladas < 14,5 mm	6.900	1.060.230	0,62	95	C
Alubia blanca	6.860	1.067.090	0,62	96	C
Arroz	6.400	1.073.490	0,58	96	C
Arroz 5 delicias	6.300	1.079.790	0,57	97	C
Puerro con patata	5.610	1.085.400	0,51	97	C
Patata dados 9/9	5.310	1.090.710	0,48	98	C
Judía plana trozos pequeños	4.620	1.095.330	0,42	98	C
Acelga troceada 40 mm	4.530	1.099.860	0,41	99	C
Guisante superfino	3.040	1.102.900	0,27	99	C
Setas	2.790	1.105.690	0,25	99	C
Espárrago yema 40 mm	2.210	1.107.900	0,20	100	C
Guisante fino	1.180	1.109.080	0,11	100	C
Subtotal grupo C (38 referencias)	**343.500**		**31,01**		

Tabla 7.3. Clasificación de las existencias utilizando el sistema ABC.

Grupo	Intervalo (%)	Número de referencias	Valor ($)	Porcentaje sobre las existencias
A	0-36	3	400.870	36
B	36-69	10	364.710	33
C	69-100	31	343.500	31
Total		44	1.109.080	100

Tabla 7.4. Resultado de un análisis ABC de las existencias.

Capítulo 8
Diseño de la distribución en planta para mejorar la capacidad

Seleccionar el sistema de almacenamiento más apropiado para un proceso logístico implica compaginar las necesidades de movimiento y almacenaje de las mercancías con las características de los equipamientos.

Con el diseño de la distribución en planta *(layout)* de un área de almacenamiento se pretende, entre otros aspectos:

- Maximizar o utilizar adecuadamente la superficie disponible.
- Permitir un fácil y rápido acceso a los productos almacenados, minimizando las distancias que se deban recorrer y favoreciendo el flujo de las mercancías.
- Facilitar la gestión y el control de las existencias.

Figura 8.1. Manipulación de cargas en un almacén con estanterías convencionales.

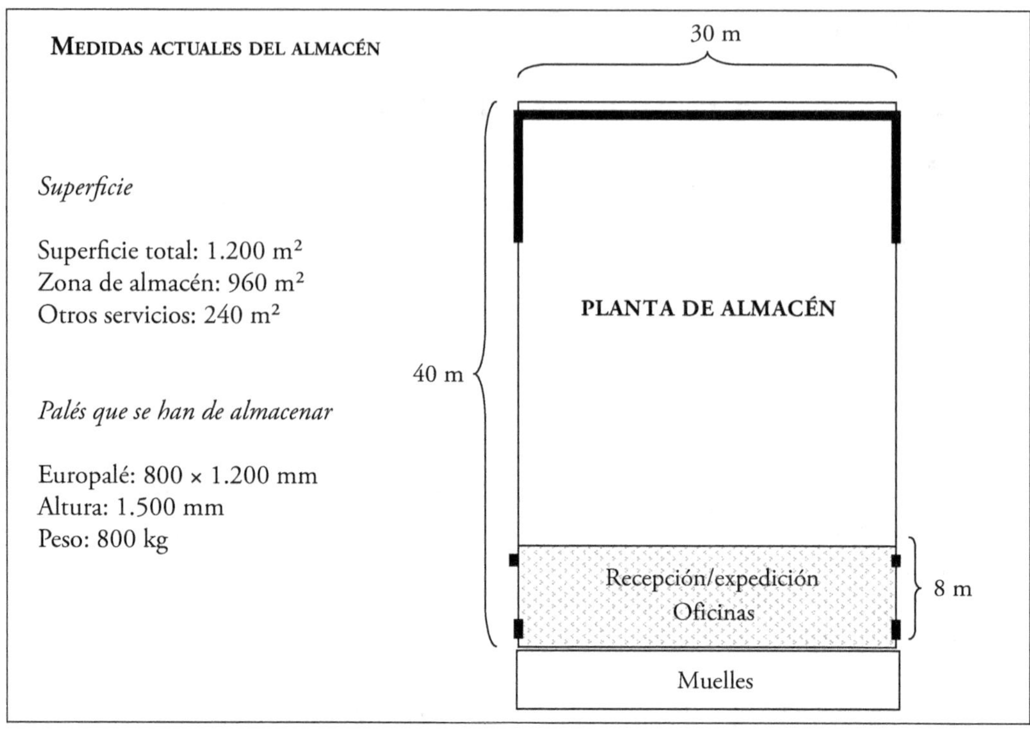

Figura 8.2. Características del almacén que se debe rediseñar.

Respecto a los beneficios que puede suponer optar por el modelo de gestión más apropiado para un almacén, cabe mencionar los siguientes:

- Reducción de los costos de almacenamiento.
- Mejor servicio al cliente mediante la aceleración del proceso de gestión de pedidos.
- Optimización de las operaciones de almacén mediante la obtención de datos de inventarios precisos que reducen las tareas administrativas.
- Optimización de la distribución del almacén y utilización del espacio disponible.

1   Antecedentes del caso

Una empresa se propone rediseñar la distribución en planta de su almacén para cubrir unas necesidades específicas de almacenamiento, consistentes en 2.500 huecos/palé y 1.000 referencias de existencias que desea almacenar utilizando estanterías convencionales.

Para tratar de cubrir las necesidades de la empresa, es preciso considerar el espacio físico del almacén y desarrollar en él todas las combinaciones posibles entre estanterías y carretillas para comparar posteriormente los resultados obtenidos.

Los parámetros que se han de considerar son los siguientes:

- Tamaño de los pasillos según los tipos de carretillas.
- Altura de las estanterías según los tipos de carretillas.
- Capacidad de palés según el tipo de estanterías.

Los esquemas que se representan en las figuras 8.3 a 8.8 reflejan las combinaciones posibles de estanterías y equipos de manutención que pueden configurar el *layout* del almacén, así como la capacidad resultante en planta y la capacidad total de cada una de las alternativas analizadas.

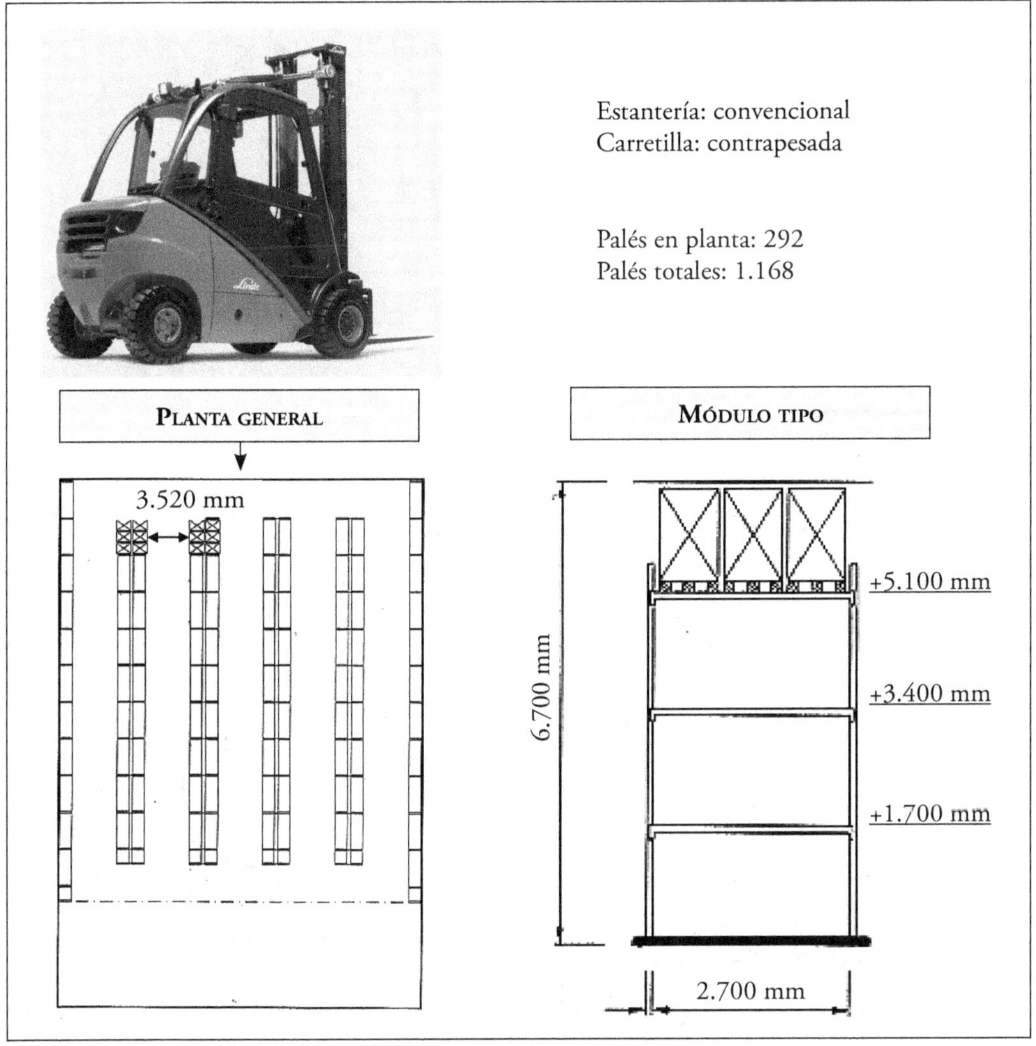

Figura 8.3. La combinación de estanterías convencionales y carretillas contrapesadas requiere de un pasillo de maniobra de 3.520 mm y las alturas de las estanterías alcanzan cuatro niveles.

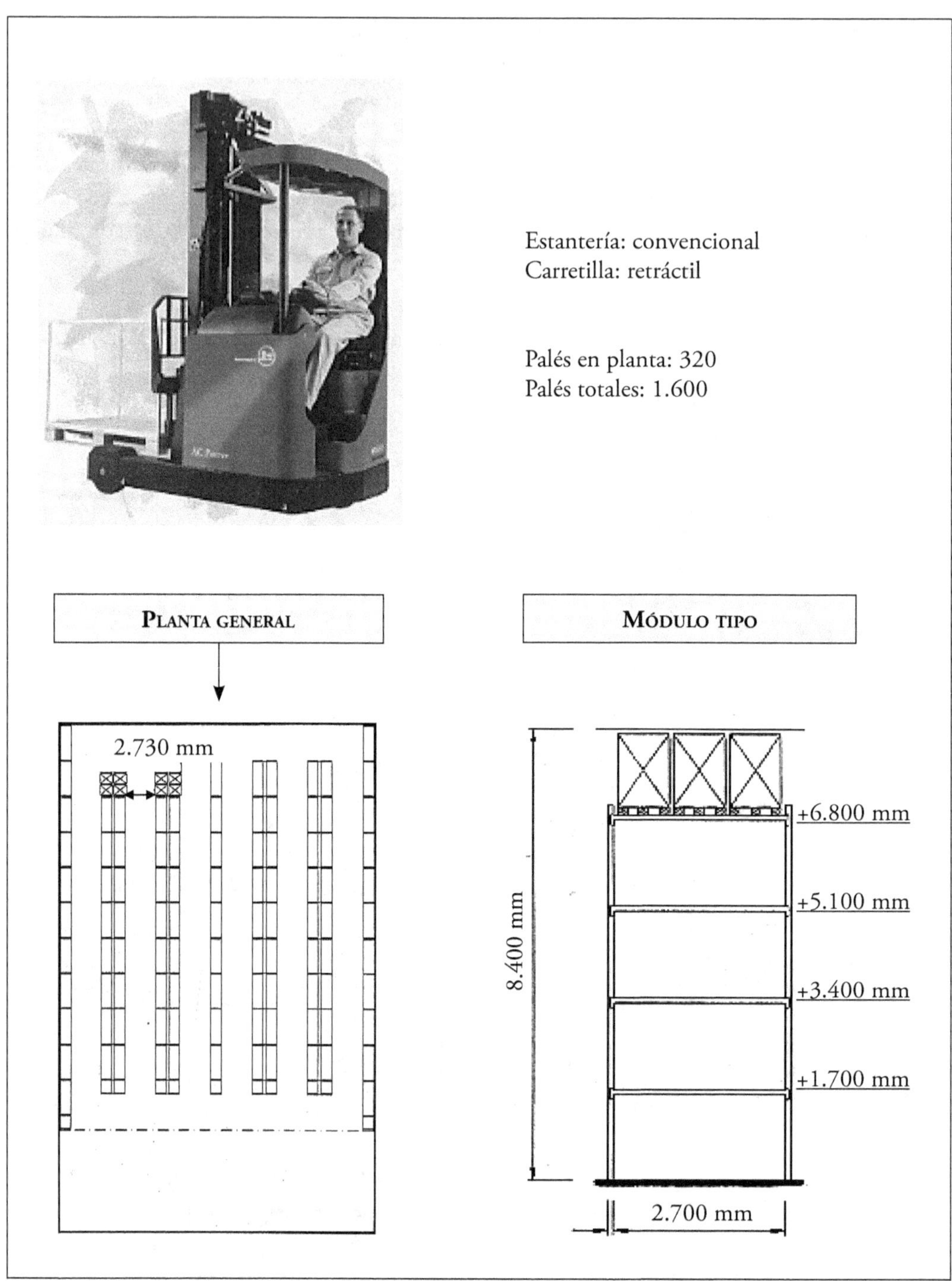

Figura 8.4. La combinación de estanterías convencionales y carretillas retráctiles requiere de un pasillo de maniobra de 2.730 mm y cinco niveles. La reducción del tamaño del pasillo permite ganar una calle de estanterías. Esta distribución en planta aporta una capacidad que supera en un 37 % a la alternativa anterior.

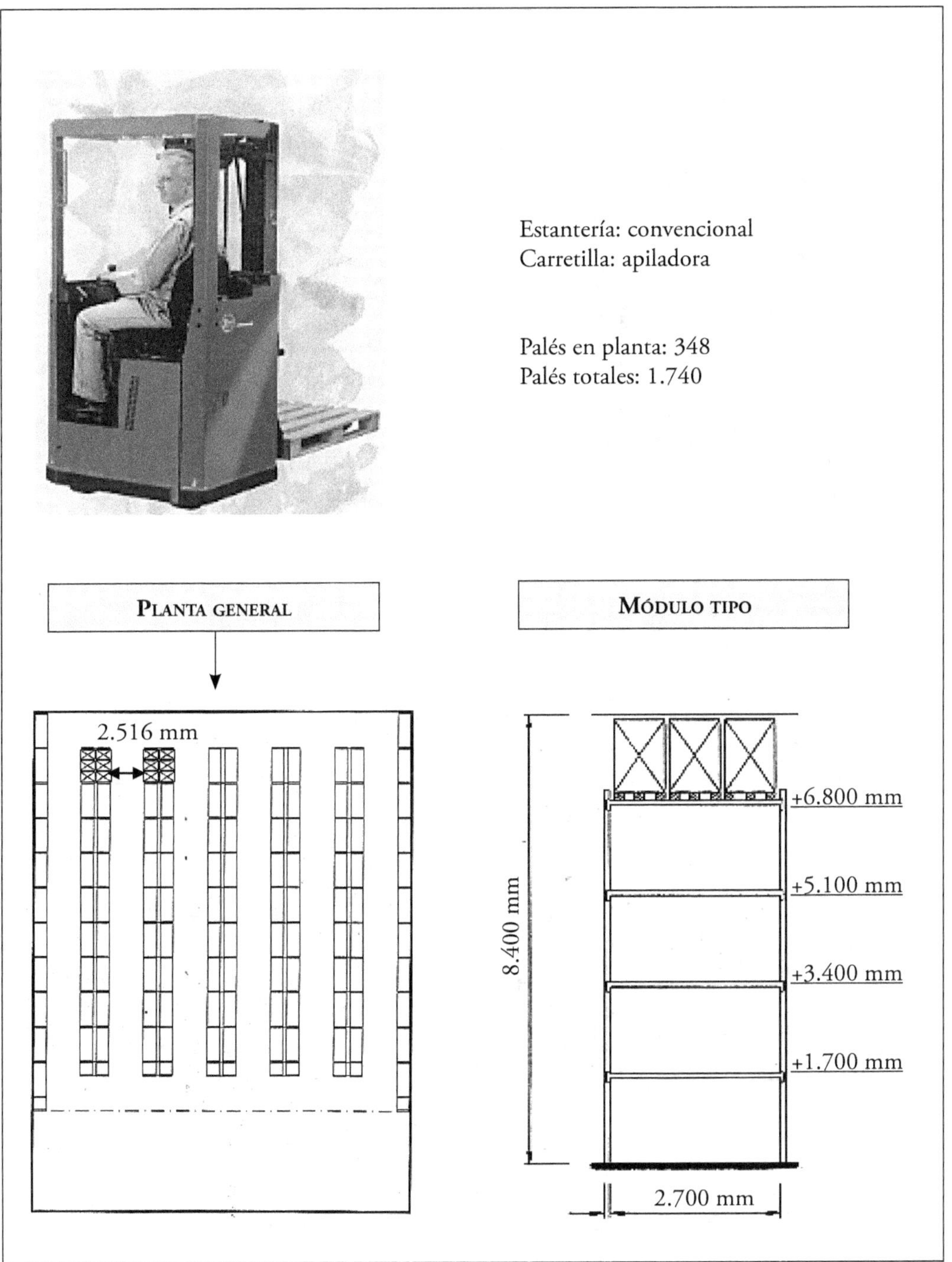

Figura 8.5. La combinación de estanterías convencionales y carretillas apiladoras requiere de un pasillo de maniobra de 2.516 mm y cinco niveles de estanterías. La reducción del tamaño del pasillo permite duplicar el fondo de la estantería central.

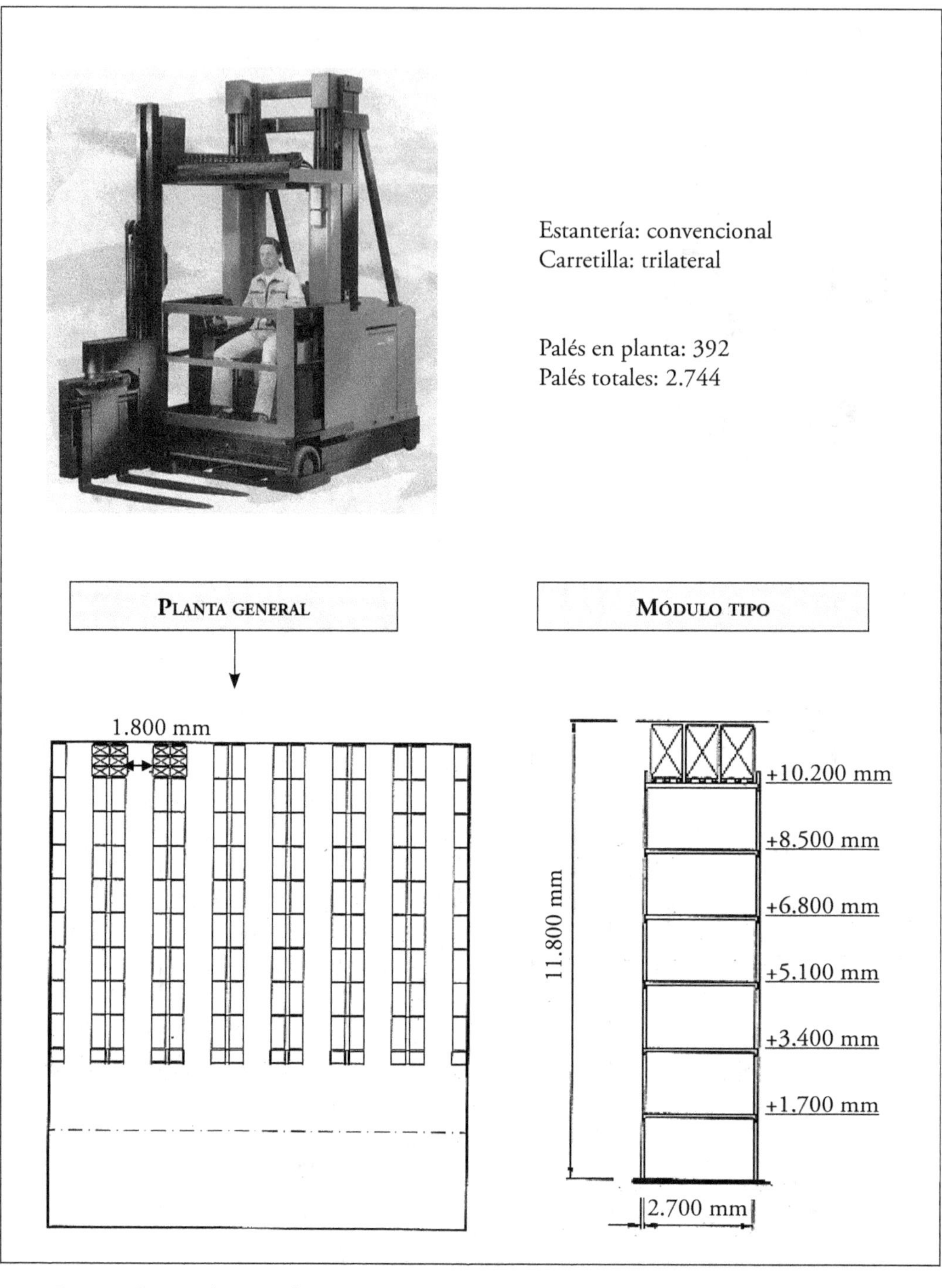

Figura 8.6. La combinación de estanterías convencionales y carretillas trilaterales requiere de un pasillo de maniobra de 1.800 mm y siete niveles de estanterías. La carretilla trilateral al no hacer giros en los pasillos reduce notablemente el tamaño de éstos. Al mismo tiempo, posibilita que las alturas de trabajo superen los 10 m.

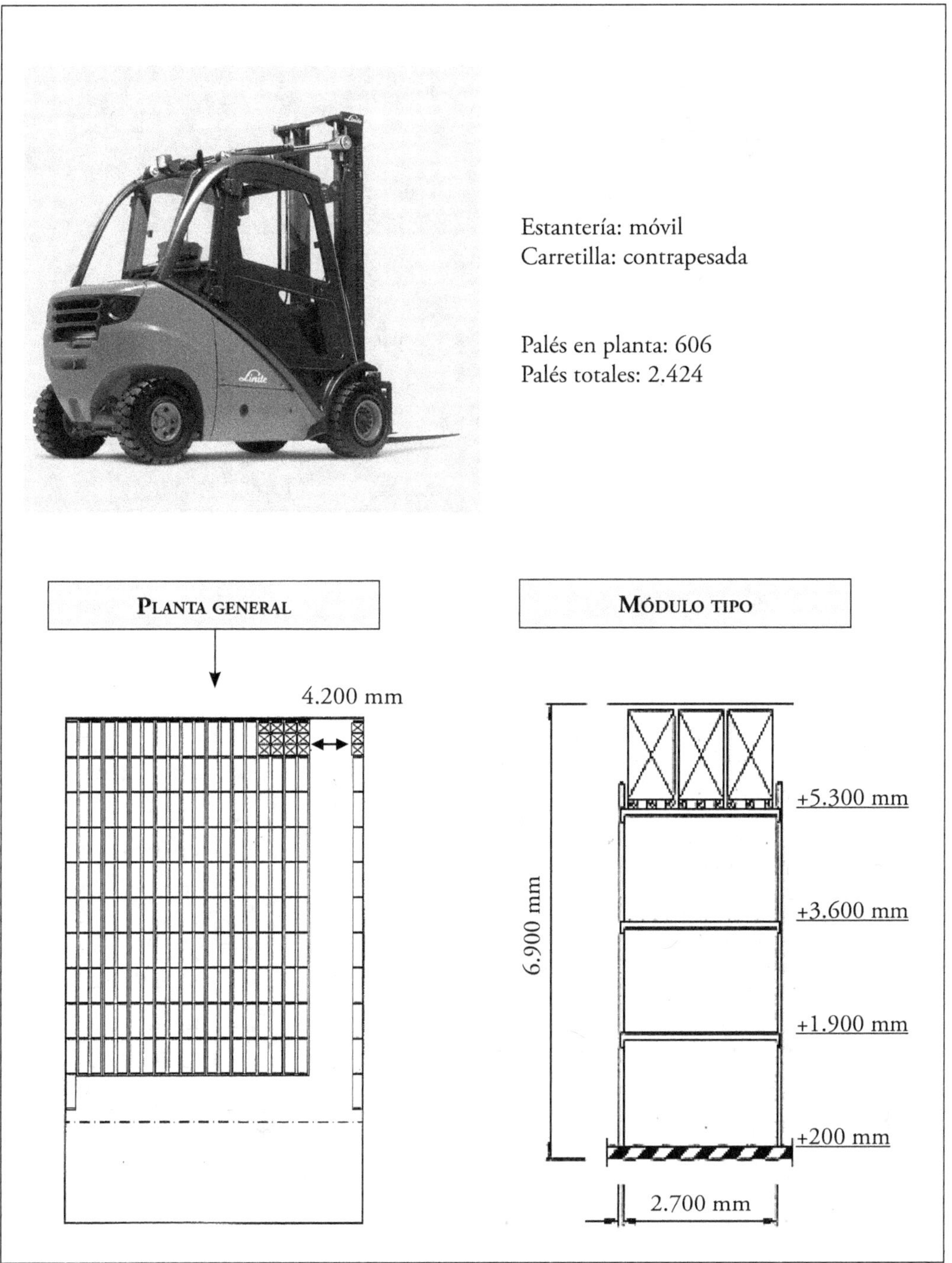

Figura 8.7. La combinación de estanterías móviles y carretillas contrapesadas requiere de un pasillo de maniobra de 4.200 mm y cuatro niveles de estanterías. La estantería móvil elimina los pasillos de acceso (sólo necesita uno), lo que aumenta la capacidad, aunque ralentiza las operaciones de entrada y salida.

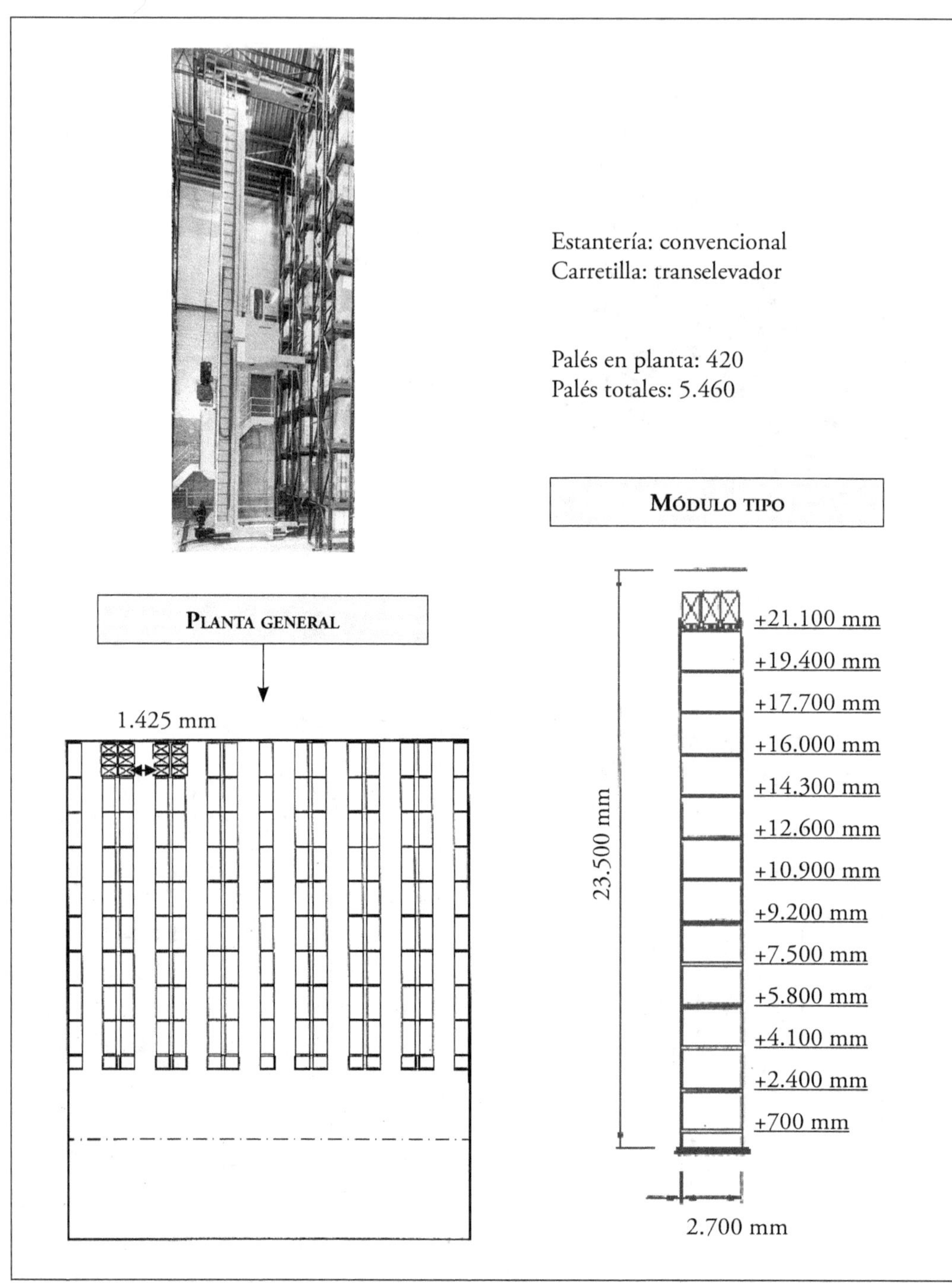

Figura 8.8. La combinación de estanterías convencionales y transelevador requiere de un pasillo de maniobra de 1.425 mm y trece niveles de estanterías. La automatización del almacén reduce el pasillo hasta el mínimo posible y alcanza alturas comprendidas entre 30 y 40 m.

Sistema de almacenamiento	Sistema de manutención	Palés en planta	Niveles	Total palés	Palés/m²	Porcentaje
1 Estantería convencional	Carretilla contrapesada	292	4	1.168	1,22	100
2 Estantería convencional	Carretilla retráctil	320	5	1.600	1,67	137
3 Estantería convencional	Apilador persona sentada	348	5	1.740	1,81	149
4 Estantería convencional	Carretilla trilateral	392	7	2.744	2,86	235
5 Estantería móvil (convencional)	Carretilla contrapesada	606	4	2.424	2,53	208
6 Estantería convencional	Transelevador	420	12	5.460	5,69	467

Tabla 8.1. Capacidades de un almacén en función del sistema de almacenamiento.

2 Resumen de capacidades de las diferentes alternativas

De todas las alternativas analizadas, sólo las de las figuras 8.4 y 8.6 consiguen alcanzar los requerimientos de capacidad establecidos, según se puede observar en la tabla 8.1.

Tomando en consideración la citada tabla de capacidades potenciales de almacenamiento, se deben evaluar los gastos imputables al almacenaje (nave, estanterías, etc.) y la manipulación de los productos (personal, equipos de manutención, etc.) y dividir la suma de ambos por el número de palés almacenados y manipulados para calcular los costos unitarios de dichas operaciones.

Para este ejemplo, consideramos los precios de compra de los elementos de manutención que se relacionan en la tabla 8.2.

Elemento de manutención	Costo ($)
Carretilla contrapesada	24.000
Carretilla retráctil	30.000
Carretilla apiladora	9.000
Carretilla trilateral	60.100
Transelevador	1.000

Tabla 8.2. Costo de los elementos de manutención.

3   Resumen de costos de ocupación y operación

Suponiendo que el almacén proyectado tenga dos rotaciones mensuales, el total de operaciones anuales se calcularía mediante la fórmula (2 entradas + 2 salidas) × 12 meses, mientras que los costos de ocupación y operación que pueden preverse son los que se resumen en la tabla 8.3.

COSTOS DE OCUPACIÓN Y OPERACIÓN

	Estantería convencional				*Estantería móvil*	*Estantería convencional*
	Carretilla contrapesada	*Carretilla retráctil*	*Apilador*	*Carretilla trilateral*	*Carretilla contrapesada*	*Transelevador*
Huecos por capacidad	1.168	1.600	1.740	2.744	2.424	5.460
Operaciones × año	56.064	76.800	83.520	131.712	116.352	262.080
Costo de ocupación						
Nave[1]	36.060	36.060	36.060	36.060	36.060	36.060
Estanterías[2]	2.803	4.176	4.176	6.585	21.816	13.104
Suma	38.863 $	39.900 $	40.236 $	42.646 $	57.877 $	49.164 $
Costo anual por hueco	33,27	24,93	23,12	15,54	23,87	9
Costo mensual por hueco	2,77	2,07	1,92	1,29	1,99	0,75
Costo diario por hueco	0,09	0,06	0,06	0,04	0,06	0,02
Costo de operación						
Carretilla[3]	2.400	3.000	900	6.010	2.400	60.100
Operario[4]	15.000	15.000	15.000	15.000	15.000	15.000
Suma	17.400 $	18.000 $	15.900 $	21.010 $	17.400 $	75.100 $
Costo operación[5]	0,31 $	0,23 $	0,19 $	0,16 $	0,15 $	0,29 $

[1] El precio de la nave se valora en 601 $/m² y la amortización a 20 años.

[2] El precio de las estanterías se calcula en 24 $/hueco-palé y la amortización a 10 años, excepto en el caso de la estantería móvil, en el que se considera su precio en 90 $/hueco.

[3] Los precios de compra de los elementos de manutención corresponden a la fecha del proyecto. La amortización, a 10 años.

[4] Los costos de personal (costo empresa) se estiman en 15.000 $.

[5] Este sistema es caro cuando el número de rotaciones es bajo y su rentabilidad mejora notablemente cuando aumenta la rotación.

Tabla 8.3. Resumen de costos de ocupación y operación en el supuesto de que el almacén modelo tenga dos rotaciones al mes.

4   Conclusiones

4.1   En cuanto a los equipos de manutención utilizados

- Para la elección del equipo de manutención más adecuado hay que tener en cuenta el costo del equipo frente a la finalidad que se persigue.
- Un equipo de manutención tiene mayores prestaciones cuanto mayor es su altura de trabajo (máxima altura a la que se pueden ubicar o desubicar las mercancías de las estanterías) y menor el ancho del pasillo por donde circula (mínimo ancho del pasillo necesario para que el equipo pueda operar sin dificultad) (véase la figura 8.9).
- Ambos factores (altura de trabajo y ancho de pasillo) aumentan el aprovechamiento del almacén (capacidad de palés por metro cuadrado de superficie de almacén).
- Las opciones que minimizan el costo de ocupación son las que obtienen la máxima capacidad de almacenamiento en palés (carretilla trilateral y transelevador).
- Las opciones que minimizan el costo por operación son las que dotan al almacén de mayor operatividad. En este caso, para elaborar los cálculos, se ha supuesto una constante de dos rotaciones al mes, pero se debe considerar que las opciones automáticas capacitan al almacén para aumentar considerablemente el número de rotaciones (cinco o diez rotaciones/mes), y en esos casos demuestran su conveniencia sobre las demás opciones que deberían incorporar más carretillas y más operarios para alcanzar esos niveles de productividad.

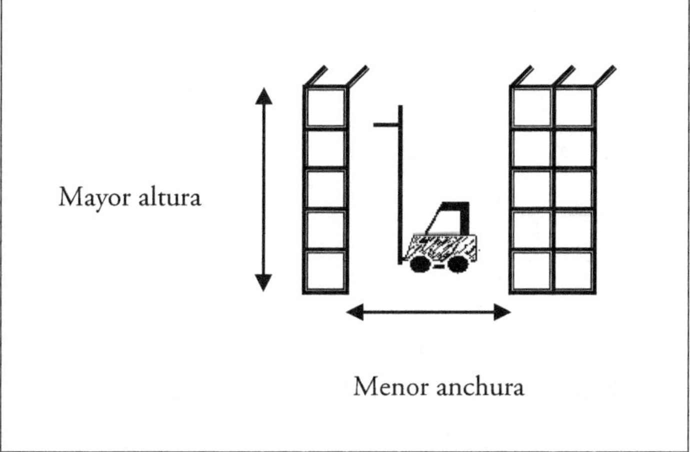

Figura 8.9. Las prestaciones de un equipo de manutención son mayores cuanto mayor es su altura de trabajo y menor el ancho del pasillo por donde circula.

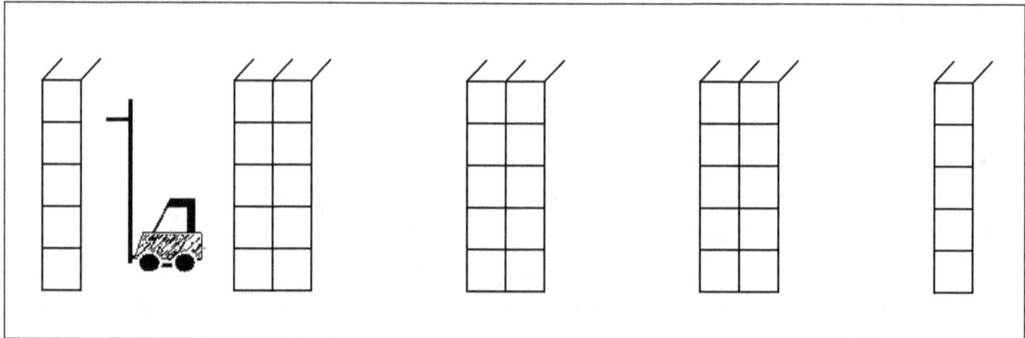

Figura 8.10. Sistema de estanterías convencionales.

4.2   En cuanto al tipo de estantería utilizada

4.2.1   Estantería convencional

El aumento del aprovechamiento del almacén (capacidad de palés por metro cuadrado de superficie) dependerá de la altura de trabajo de los equipos de manutención y la anchura de los pasillos de circulación.

La separación entre las estanterías y la altura de las mismas está supeditada a las características de los equipos de manutención utilizados y a las del edificio donde se ubica el almacén.

En este caso, la distribución se realiza mediante estanterías de doble acceso.

* *Ventajas*
  – Permite el acceso directo a las mercancías.

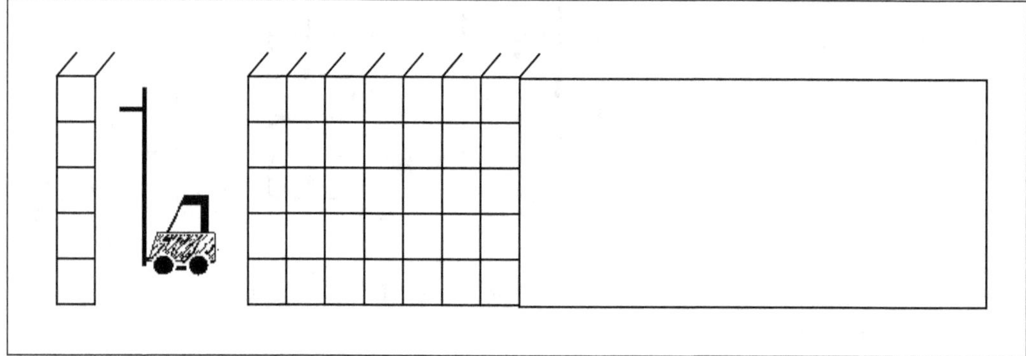

Figura 8.11. Sistema de estanterías móviles, con el mismo número de palés en la mitad de la superficie que en las estanterías convencionales.

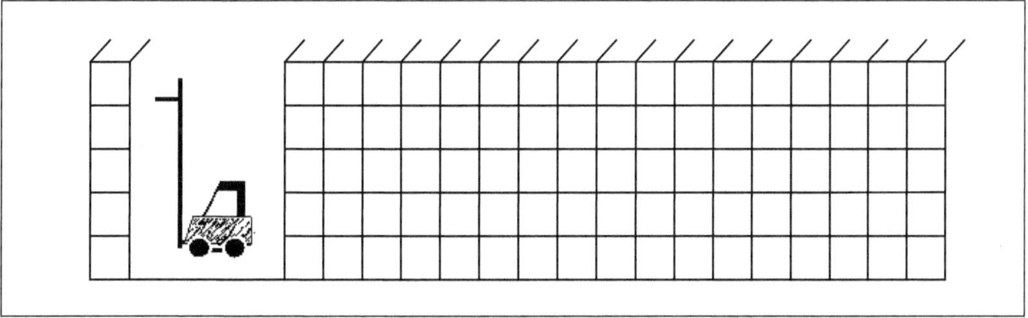

Figura 8.12. Sistema de estanterías móviles, con un aumento significativo del número de palés en la misma superficie que en las estanterías convencionales.

— Cada mercancía puede tener su ubicación específica, con lo que se facilita el control de las existencias.
— Capacidad de adaptarse a todo tipo de cargas, tanto en peso como en volumen.
— Permite alcanzar grandes alturas y, por tanto, mejorar el uso del volumen.

- *Inconvenientes*
  — La mayor parte de la superficie del almacén está dedicada a pasillos, con lo que resulta poco eficiente.

Las estanterías de doble acceso están recomendadas en los casos en que sea necesario almacenar mercancías paletizadas con gran variedad de referencias.

4.2.2   Estantería móvil

Las estanterías móviles reúnen características similares a las estanterías convencionales, pero, en lugar de tener anclada la estructura en el suelo, ésta reposa sobre raíles, con lo que las estanterías se pueden desplazar lateralmente, generando en cada instante el pasillo requerido para acceder a la mercancía.

- *Ventajas*
  — Se reduce al mínimo la superficie destinada a pasillos de circulación.
  — Permite aumentar el número de palés en la misma superficie o el mismo número de palés en la mitad de la superficie.

- *Inconvenientes*
  — Costo elevado.
  — Sólo se puede acceder a un pasillo a la vez.

Capítulo 9

Almacén de producto terminado

1   Antecedentes del caso

- Se trata de una empresa dedicada a la compra, el envasado y la distribución de productos de alimentación seca (deshidratada), legumbres, arroz, etc.

- Desde la sección de envasado, los palés de producto terminado se entregan al almacén mediante un sistema de rodillos en formatos de 0,5, 1,2 y 5 kg. El movimiento de entrada es constante: 200-250 palés al día. Los carretilleros ubican la mercancía en los lugares asignados por el sistema informático a cada lote de envasado y palé por calle y hueco.

- Las salidas del almacén de producto terminado se dirigen hacia las delegaciones propias, los distribuidores y, en muy pocos casos, los clientes finales.

  Las salidas de productos se realizan mediante el método *fi-fo*,[1] según la fecha de envasado, contratando transportes de carga completa o grupaje desde la fábrica hasta las delegaciones.

---

[1] Abreviatura inglesa de *first-in/first-out* o «primero en entrar, primero en salir», sistema de almacenamiento en que las últimas mercancías almacenadas son las últimas en extraerse, lo que contribuye a la máxima rotación de los productos *(Diccionario de logística,* en www.logisnet.com).

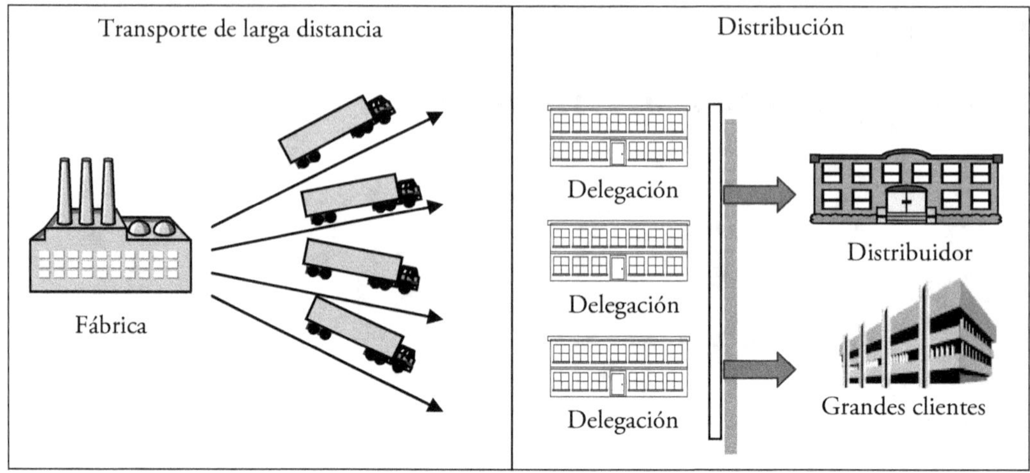

Figura 9.1. Esquema de la operativa de distribución.

2 Situación inicial

La problemática del almacén de producto terminado se concreta en los siguientes aspectos:

- El almacén tiene una antigüedad de diez años.
- La cantidad de productos vendidos se ha incrementado a un ritmo del 5 % anual.
- Ha aumentado la gama de productos. Surgen nuevas presentaciones con segundas marcas y marcas blancas.
- Ha aumentado el número de referencias, lo que ha hecho que en los huecos destinados a un solo producto sea necesario almacenar más de una referencia. Esto significa que en el momento de extraer los palés, los carretilleros deben realizar varias operaciones de extracción para alcanzar el palé deseado, con lo cual es difícil cumplir los requisitos del método *fi-fo*.
- Semanalmente se debe ordenar el almacén, lo que supone muchas horas de dedicación del personal.
- Las dificultades que se han presentado en los últimos años en el almacén se han resuelto mediante el aumento de la plantilla y de los turnos de trabajo (de 6:00 a 14:00 h y de 14:00 a 22:00 h), que cubren el horario de producción.

2.1 Análisis de las existencias según familias

De las existencias descritas en la tabla 9.1 se pueden obtener conclusiones respecto a la estacionalidad de los productos (si son coincidentes o si se solapan en el tiempo). Por ello, conviene repetir los análisis a lo largo de períodos distintos.

Código de familia	Códigos de producto	Denominación	kg	Palés
10	5	Azúcar	8.529	22
20	5	Harina	21.353	49
25	7	Arroz	89.028	177
40	5	Alcachofas	104.531	219
41	16	Judías verdes	258.561	448
43	11	Coliflor	104.368	250
44	5	Maíz	49.021	96
48	14	Menestra	193.613	381
49	15	Varios	86.084	192
55	5	Garbanzos	702.470	1.247
70	8	Alubias	232.347	501
75	11	Guisantes	366.455	654
88	5	Lentejas	117.263	266
	115		2.333.630	4.502

Tabla 9.1. Clasificación de las existencias según familias.

2.2 Análisis de las existencias según el método ABC

La problemática de las existencias de un almacén no se manifiesta con la misma intensidad en todas las referencias.

El análisis ABC permite detectar si un pequeño número de referencias acapara una cantidad elevada de las existencias, y viceversa (véase el capítulo 7).

2.2.1 Método ABC

Para la aplicación del método ABC es necesario seguir el procedimiento siguiente:

- Ordenación de los artículos de mayor a menor según el volumen de existencias.
- Agrupación por lotes que representen aproximadamente el 25 % del total.
- Al grupo más representativo se le denomina A y al menos representativo, D.

Del análisis de la clasificación según el método ABC (véase la tabla 9.2), se puede concluir que:

- El 30 % de los productos (34 referencias) representan el 75 % de las existencias (3.343 palés).
- El 70 % de los productos (81 referencias) representan el 25 % del *stock* (1.159 palés).

CLASIFICACIÓN **ABC**

Grupo	Núm. de referencia	kg	Núm. de palés	Núm. de palés por referencia
A = 0-25 %	4	622.670	1.095	227-337
B = 25-50 %	10	575.773	1.143	77-152
C = 50-75 %	20	545.053	1.105	43-76
D = 75-100 %	81	590.134	1.159	1-43
Total	115	2.333.630	4.502	

Tabla 9.2. Clasificación de las existencias según el método ABC.

– El nivel de existencias por referencia varía de los del el grupo A, entre 227 y 337 palés, a los del grupo D, entre 1 y 43 palés.
– El elevado número de palés por referencia justifica que el almacenamiento se optimice utilizando estanterías compactas.

Considerando, con carácter general, que en el almacenamiento de productos perecederos en el sector de alimentación debe respetarse escrupulosamente el método *fi-fo*, y que debe evitarse almacenar en estanterías compactas más de una referencia por calle, porque ello significa elevar innecesariamente el número de manipulaciones de los carretilleros, respecto al caso que nos ocupa se desprende que:

– La capacidad total (6.090 palés) supera ampliamente las necesidades de almacenamiento de las existencias.

PLANO DEL ALMACÉN EN LA SITUACIÓN INICIAL

ZONA 1
– 6 fondo × 7 altura = 42 palés/calle
– 40 calles × 42 palés/calle = 1.680 total

SALIDAS →

ZONA 2.1
– 12 fondo × 7 altura = 84 palés/calle
– 20 calles × 84 palés/calle = 1.680 palés

ZONA 2.2
– 12 fondo × 7 altura = 84 palés/calle
– 15 calles × 84 palés/calle = 1.260 palés

SALIDAS →

ZONA 3.1
– 6 fondo × 7 altura = 42 palés/calle
– 20 calles × 42 palés/calle = 840 palés

↑ ENTRADAS FÁBRICA

ZONA 3.2
– 6 fondo × 7 altura = 42 palés/calle
– 15 calles × 42 palés/calle = 630 palés

Tabla 9.3. Esquema de la situación inicial del almacén.

DISTRIBUCIÓN DE LAS ESTANTERÍAS

Estanterías	Capacidad palés/calle	Núm. calles	Capacidad total palés
Zona 1	42	40	1.680
Zona 2.1	84	20	1.680
Zona 2.2	84	15	1.260
Zona 3.1	42	20	840
Zona 3.2	42	15	630
Total		110	6.090

Tabla 9.4. Distribución inicial de las estanterías.

– Las referencias A y B necesitan más de una calle, y las referencias C y D tienen suficiente con las calles actuales.
– Si el número de referencias es 115 y el número de calles es 110, se hace necesario almacenar más de una referencia en algunas calles.

3   Objetivos del proyecto

El almacén inicial fue diseñado para pocas referencias y mucha cantidad de cada una de ellas, pero con el paso del tiempo han bajado los niveles de existencias para cada referencia por la mejora de la productividad de las plantas de envasado, la empresa ha aumentado el número de referencias y las normas de caducidad en el sector de la alimentación son mucho más rigurosas.

Por estos motivos, el almacén debe adaptarse a los nuevos requisitos de la demanda para mantener su operatividad a costos competitivos.

4   Alternativas de mejora

4.1   Alternativa de mejora 1

Esta alternativa se propone actuar sobre las zonas 2.1 y 2.2 para aumentar el número de referencias en existencia sin disminuir la capacidad de almacenamiento.

La solución consiste en almacenar en cada calle de 12 de fondo × 7 de altura dos referencias en lugar de una (véase la tabla 9.5):

– Una referencia en 10 de fondo × 7 altura = 70 palés.
– La otra referencia en 2 de fondo × 7 altura = 14 palés.

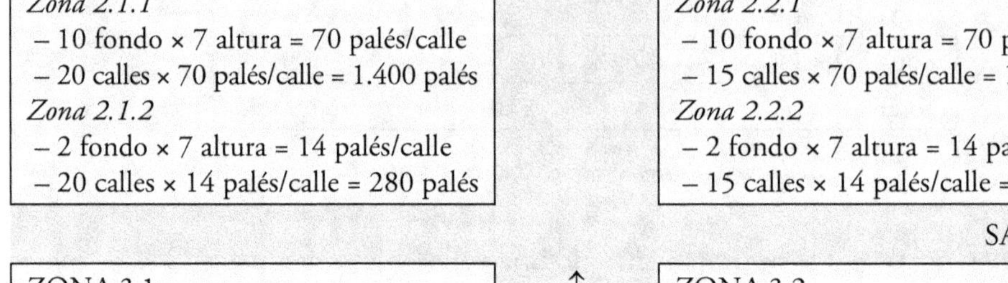

PLANO DEL ALMACÉN CON LA ALTERNATIVA 1

ZONA 1
– 6 fondo × 7 altura = 42 palés/calle
– 40 calles × 42 palés/calle = 1.680 total

SALIDAS →

ZONA 2.1
Zona 2.1.1
– 10 fondo × 7 altura = 70 palés/calle
– 20 calles × 70 palés/calle = 1.400 palés
Zona 2.1.2
– 2 fondo × 7 altura = 14 palés/calle
– 20 calles × 14 palés/calle = 280 palés

ZONA 2.2
Zona 2.2.1
– 10 fondo × 7 altura = 70 palés/calle
– 15 calles × 70 palés/calle = 1.050 palés
Zona 2.2.2
– 2 fondo × 7 altura = 14 palés/calle
– 15 calles × 14 palés/calle = 210 palés

SALIDAS →

ZONA 3.1
– 6 fondo × 7 altura = 42 palés/calle
– 20 calles × 42 palés/calle = 840 palés

↑
ENTRADAS
FÁBRICA

ZONA 3.2
– 6 fondo × 7 altura = 42 palés/calle
– 15 calles × 42 palés/calle = 630 palés

Tabla 9.5. Plano del almacén con la alternativa de mejora 1.

Esto supone cambiar la operativa actual, en la que las entradas se producen por un lado y las salidas por otro. En el futuro, las entradas y salidas se producirán por el mismo lado. Las características básicas de esta alternativa se resumen en:

– No reduce la capacidad de almacenamiento de palés.
– Aumenta el número de calles de 110 a 145.

DISTRIBUCIÓN DE ESTANTERÍAS ALTERNATIVA 1

Estanterías	Capacidad palés/calle	Núm. calles	Capacidad total palés
Zona 1	42	40	1.680
Zona 2.1.1	70	20	1.400
Zona 2.1.2	14	20	280
Zona 2.2.1	70	15	1.050
Zona 2.2.2	14	15	210
Zona 3.1	42	20	840
Zona 3.2	42	15	630
Total		145	6.090

Tabla 9.6. Distribución de las estanterías con la alternativa de mejora 1.

	Existencias	*Capacidad calle*	*Índice de ocupación*
Antes	25 palés	84	30 %
Ahora	25 palés	70	36 %

Tabla 9.7. Al reducir el tamaño de la calle, se mejora el nivel de ocupación.

– Incrementa el orden y disminuye el número de manipulaciones necesarias.

– Es una solución intermedia que no requiere inversión alguna, pero sí un cambio en la distribución/organización del almacén.

– Utilizando calles de 70 palés en lugar de calles de 84 palés, aumenta el nivel de ocupación, como se puede ver en la tabla 9.7.

PLANO DEL ALMACÉN CON LA ALTERNATIVA 2

ZONA 1
– 6 fondo × 7 altura = 42 palés/calle
– 40 calles × 42 palés/calle = 1.680 total

SALIDAS →

ZONA 2.1
Zona 2.1.1
– 10 fondo × 7 altura = 70 palés/calle
– 20 calles × 70 palés/calle = 1.400 palés
Zona 2.1.2
– 2 fondo × 7 altura = 14 palés/calle
– 20 calles × 14 palés/calle = 280 palés

ZONA 2.2.1
Zona 2.2.1.1
– 2 fondo × 7 altura = 14 palés/calle
– 15 calles × 14 palés/calle = 210 palés
Zona 2.2.1.2
– 2 fondo × 7 altura = 14 palés/calle
– 15 calles × 14 palés/calle = 210 palés

PASILLO

ZONA 2.2.2
Zona 2.2.2.1
– 2 fondo × 7 altura = 14 palés/calle
– 15 calles × 14 palés/calle = 210 palés
Zona 2.2.2.2
– 2 fondo × 7 altura = 14 palés/calle
– 15 calles × 14 palés/calle = 210 palés

SALIDAS →

ZONA 3.1
– 6 fondo × 7 altura = 42 palés/calle
– 20 calles × 42 palés/calle = 840 palés

↑
ENTRADAS
FÁBRICA

ZONA 3.2
– 6 fondo × 7 altura = 42 palés/calle
– 15 calles × 42 palés/calle = 630 palés

Tabla 9.8. Plano del almacén con la alternativa de mejora 2.

DISTRIBUCIÓN DE ESTANTERÍAS ALTERNATIVA 2

Estanterías	*Capacidad palés/calle*	*Núm. calles*	*Capacidad total palés*
Zona 1	42	40	1.680
Zona 2.1.1	70	20	1.400
Zona 2.1.2	14	20	280
Estantería adicional	7	12	84
Zona 2.2.1.1	14	15	210
Zona 2.2.1.2	14	15	210
Estantería adicional	7	4	28
Zona 2.2.2.1	14	15	210
Zona 2.2.2.2	14	15	210
Estantería adicional	7	4	28
Zona 3.1	42	20	840
Zona 3.2	42	15	630
Total		195	5.810

Tabla 9.9. Distribución de las estanterías con la alternativa de mejora 2.

4.2   Alternativa de mejora 2

Mediante esta alternativa se actuará sobre la zona 2.2, estableciendo un pasillo intermedio en el bloque de estanterías, lo que dividiría la zona en dos bloques de menos profundidad, pero con la posibilidad de ampliar el número de referencias. A esto cabe añadir una calle adicional con estanterías convencionales en el extremo de ambas zonas, orientada hacia el pasillo central.

El resultado de esta modificación se refleja en la tabla 9.9.

Las características básicas de la alternativa de mejora 2 se resumen así:

– Se reduce la capacidad de almacenamiento (6.090 – 5.810 = 280 palés menos).
– Aumenta el número de referencias de 30 a 60 en la zona 2.2.

	Palés en existencia	*Núm. calles*	*Capacidad total palés*	*Nivel de ocupación*
Situación inicial	4.502	110	6.090	73,92 %
Alternativa 1	4.502	145	6.090	73,92 %
Alternativa 2	4.502	195	5.810	77,49 %

Tabla 9.10. Resumen de las tres alternativas.

– Se amplían en 20 las estanterías nuevas orientadas hacia el pasillo central, lo que implica una capacidad adicional de 140 palés (20 estanterías × 7 alturas) destinada a la referencia C de bajo nivel de existencias.

5   Conclusiones

A la vista del análisis de la situación inicial y las dos alternativas de mejora que se han propuesto, se puede concluir que:

– Es mejor disminuir el nivel de aprovechamiento del suelo, aumentar los pasillos y mejorar la productividad.
– La alternativa de mejora 1 supone una mejora parcial, pero sigue siendo bajo el número de calles, por lo que en algunas es necesario almacenar más de una referencia.
– La alternativa de mejora 2 permite aplicar mejor el método *fi-fo* y conlleva un menor número de manipulaciones.
– Para el futuro crecimiento en el número de referencias queda disponible la zona de pasillo comprendida entre los bloques de la zona 3.

Capítulo 10
Selección de equipos de manutención

En este apartado vamos a tratar sobre algunos criterios cualitativos que pueden ser muy útiles cuando hay que seleccionar los elementos de manutención de un almacén. Se ha de tener presente que cada problemática que se haya de afrontar puede requerir elementos distintos.

1   Movimiento horizontal de unidades de carga

En la figura 10.1 se exponen los elementos de manutención más usuales que se deben considerar en el movimiento horizontal de mercancías en un almacén, con la descripción de sus aplicaciones esenciales.

2   Movimiento vertical de mercancías (estiba de cargas)

El movimiento vertical de las unidades de carga requiere la utilización de equipos que cumplan los requerimientos de manutención de éstas, y que se adapten a las características físicas del almacén y los elementos o estructuras que se utilicen para el estibado final de las mercancías. En la figura 10.2 se detallan los elementos de manutención para el movimiento vertical de cargas, con la descripción de sus principales aplicaciones.

3   Accesorios para carretillas elevadoras

Los accesorios para carretillas elevadoras están diseñados para conseguir una manipulación eficaz de las unidades de carga. Dependiendo del accesorio empleado, las carretillas pueden realizar distintos tipos de operaciones, como se puede apreciar en la figura 10.3.

Elementos para el movimiento horizontal

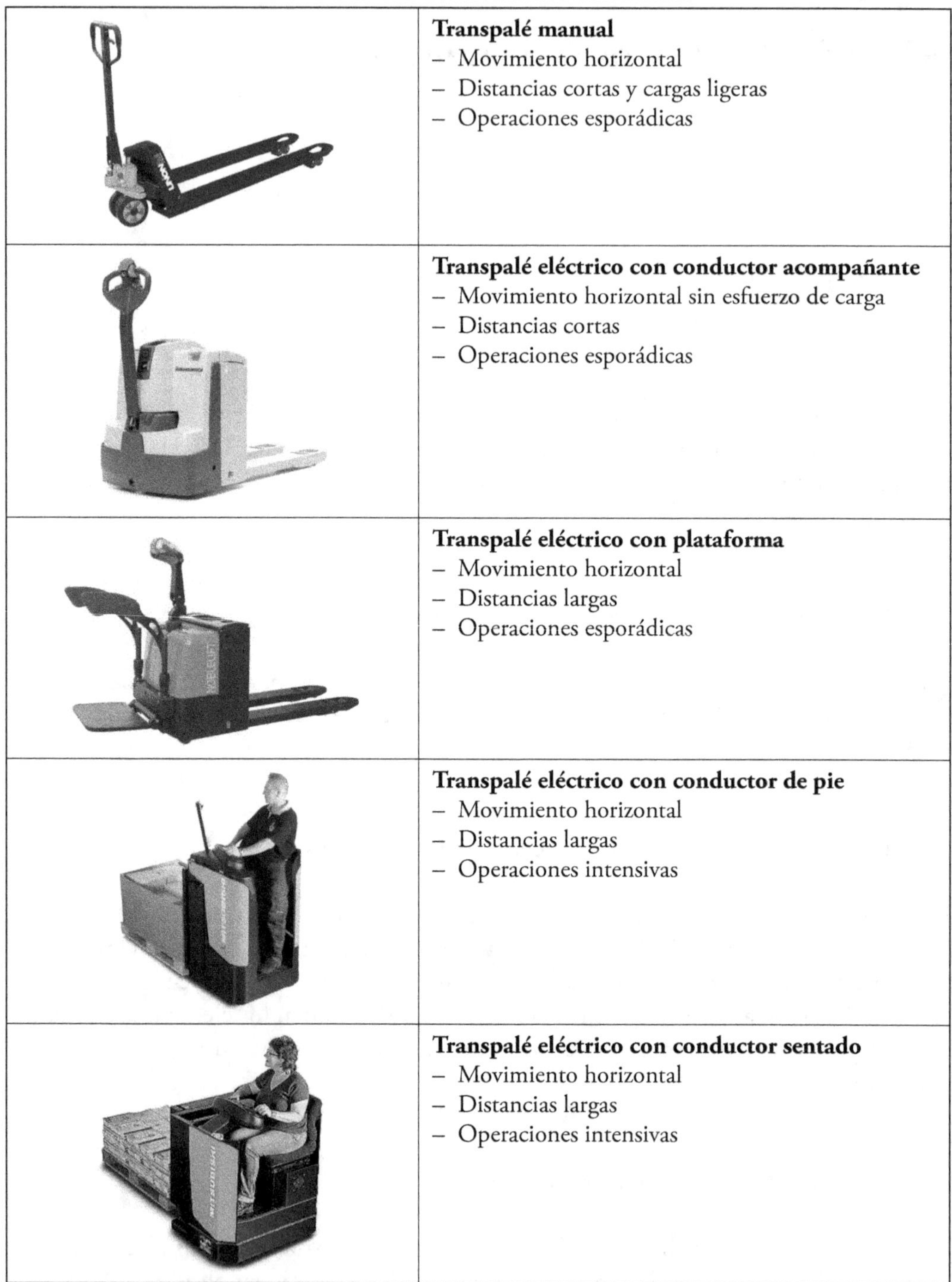

Figura 10.1. Elementos de manutención para el movimiento horizontal de unidades de carga.

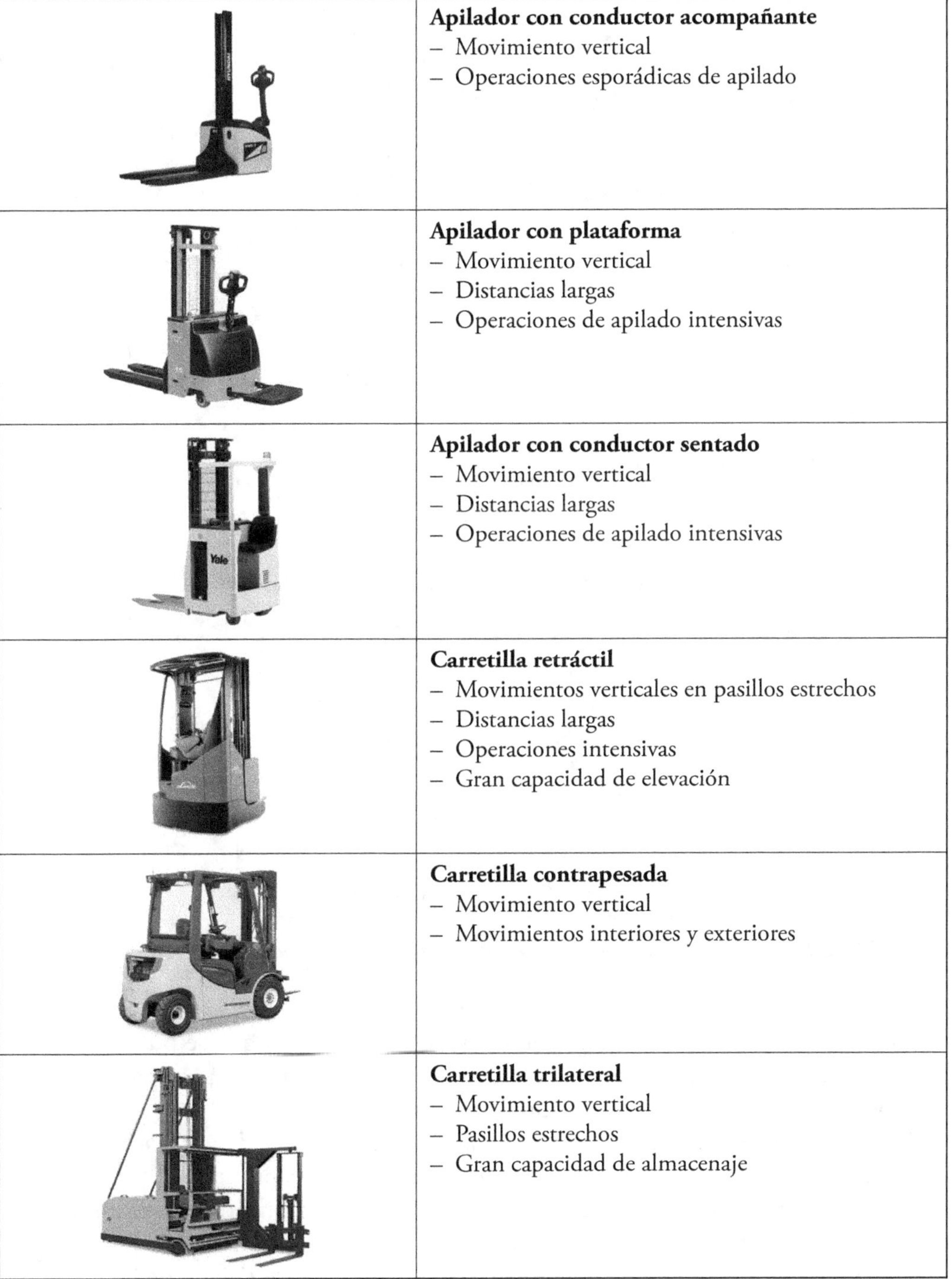

Figura 10.2. Elementos de manutención para el movimiento vertical de unidades de carga.

ACCESORIOS PARA CARRETILLAS

Espolón de carga

Cabezal giratorio

Desplazador lateral

Posicionador de horquillas

Estabilizador de carga

Pinza para balas

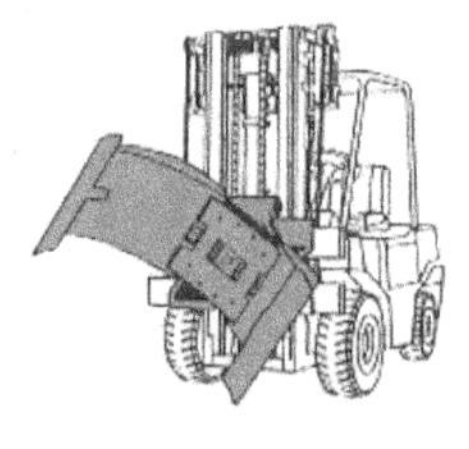

Pinza de horquillas giratorias

Pinza para bloques hormigón

Pinza para bidones

Pinza para bobinas

Figura 10.3. Elementos accesorios para la manipulación de cargas mediante carretillas elevadoras.

En la figura 10.4 se hallan representados los movimientos que se pueden efectuar con una carretilla dependiendo del tipo de desplazador utilizado, para productos con una sola referencia y el palé como unidad de carga.

Siempre y cuando las características de las unidades de carga hagan posible efectuar el tipo de operaciones que se representan en la figura 10.4, la productividad de las operaciones de carga y descarga redundará en un descenso significativo en el número de carretillas y operarios que serán necesarios.

Por otro lado, en la medida en que aumenten el tamaño y el peso de la unidad de carga, se requerirán carretillas de mayor potencia e inversión económica.

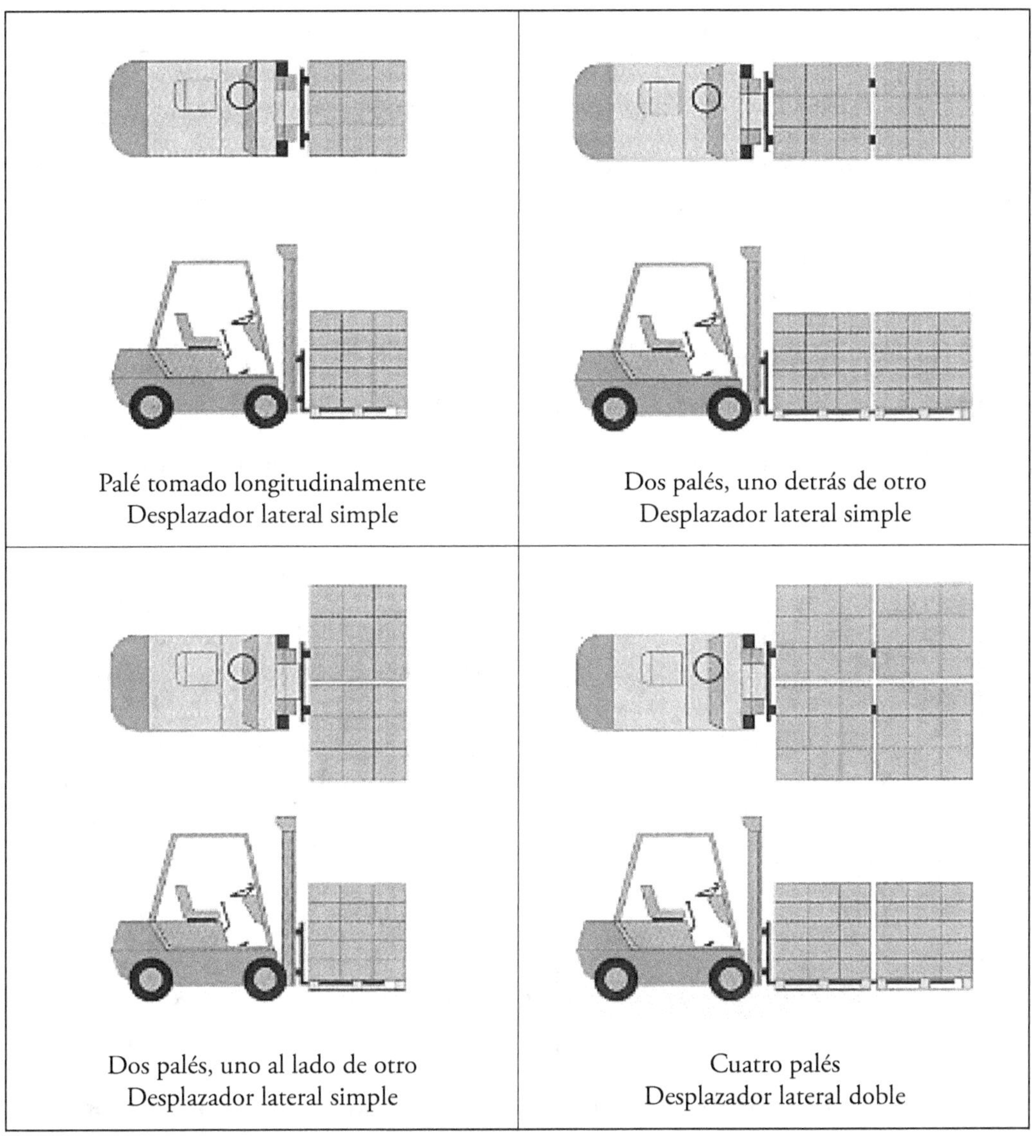

Figura 10.4. Representación de los movimientos que se pueden efectuar con una carretilla, en función del tipo de desplazador utilizado.

4 División de los equipos de manutención

Los equipos de manutención horizontal y vertical se pueden clasificar esquemáticamente para ver cuáles son más recomendables en cada caso.

En las figuras 10.5 y 10.6 se describen los usos más recomendables de los equipos de manutención horizontal y vertical.

Usos de los elementos de manutención horizontal

Elemento de manutención		Capacidad máxima	Velocidad	Pendiente superable	Usos
	Transpalé manual	2.000 kg	–	–	Operaciones esporádicas y de corto recorrido y sin pendiente
	Transpalé eléctrico con conductor acompañante	2.000 kg	Entre 4 y 6 km/h	Hasta el 20 %, según el fabricante y el modelo	Operaciones de carga y descarga con recorridos de hasta 20 m
	Transpalé eléctrico con plataforma	2.000 kg	Entre 4 y 6 km/h y de 6 a 9 km/h con la plataforma abatida	Hasta el 20 %, según el fabricante y el modelo	Operaciones de carga y descarga con recorridos de hasta 50 m
	Transpalé eléctrico con conductor sentado	2.000 kg	Entre 8 y 11 km/h	Hasta el 15 %, según el fabricante y el modelo	Operaciones de carga y descarga con recorridos de más de 50 m

Figura 10.5. Usos más recomendables para equipos de manutención horizontal.

5 Cuestionario 1: cálculo de las necesidades de elementos de manutención

Para calcular el número de elementos de manutención que son necesarios para el funcionamiento de un almacén, se debe:

- Describir el detalle de las operaciones que ha de realizar cada elemento.
- Estimar el escandallo de tiempos de cada operación.
- Calcular el ciclo total por operación.
- Considerar las alternativas posibles (uno, dos o más turnos; compra o alquiler, etc.).
- Calcular el costo por operación (movimiento).

USOS DE LOS ELEMENTOS DE MANUTENCIÓN VERTICAL

Elemento de manutención	Capacidad máxima	Velocidad	Altura máxima	Pasillo mínimo	Usos
 Apilador con conductor acompañante	1.600 kg	Entre 5 y 6 km/h	4,5 m	2,5 m	Operaciones esporádicas y de corto recorrido
 Apilador con plataforma	1.600 kg	Entre 5 y 6 km/h y de 6 a 8 km/h con la plataforma abatida	4,5 m	2,5 m	Operaciones esporádicas, de medio y largo recorrido
 Apilador con conductor montado	2.000 kg	Entre 7 y 8 km/h	6,5 m	2,5 m	Operaciones esporádicas, de medio y largo recorrido
 Carretilla contrapesada	2.500 kg	Aprox. 10 km/h	6 m	3,5 m	Utilización intensiva y hasta 6 m
 Carretilla retráctil	2.500 kg	Aprox. 10 km/h	10 m	2,7 m	Utilización intensiva y hasta 10 m
 Carretilla trilateral	1.200 kg	Aprox. 10 km/h	13 m	1,8 m	Utilización intensiva, 13 hasta 6 m y pasillos estrechos

Figura 10.6. Usos más recomendables para equipos de manutención vertical.

Amortización	*Dólares*
Inversión	24.000
Valor residual (15 %)	3.600
Depreciación por amortizar	20.400
Cuota anual	4.000

Tabla 10.1. Amortización de un elemento de manutención.

6   Cuestionario 2: costo por operación

El costo de cada operación en el almacén, con los datos aportados de un elemento de manutención determinado (en valores absolutos y relativos), para una vida útil de cinco años, se calcula con los parámetros siguientes (véase la tabla 10.2):

– Precio del equipo: 24.000 $.
– Valor residual (cinco años): 15 % sobre el valor de compra.
– Productividad de la máquina: 80 operaciones/hora.
– Horas de trabajo: 1.200 horas/año.
– Consumo de combustible: 3,5 litros/hora a 0,5 $/litro.
– Mantenimiento y reparaciones: 13,5 % sobre el precio de compra.
– Gastos de personal: 15.000 $/año.
– Operaciones al año: para una actividad estimada de 1.200 horas anuales se realizan 96.000 operaciones (1.200 × 80 ciclos/hora).

7   Cuestionario 3: selección de los elementos de manutención

Con los datos indicados en los cuestionarios anteriores, para una vida útil de cinco años y con un valor residual del 15 %, proponemos seleccionar el elemento de manutención más adecuado entre cuatro alternativas posibles (véanse las tablas 10.3 y 10.4).

Costo por operación	*Gasto anual ($)*	*%*
Amortización	4.000	17
Sueldos	15.000	61
Consumos:	5.500	22
– Combustible (3,5 l/h, 0,54 $/l)	2.300	9
– Mantenimiento anual (13,5 % s/compra)	3.200	13
Gasto total	24.500	100
Costo de cada operación	0,3 $/u	

Tabla 10.2. Cálculo del costo por operación.

	Transpalé manual	Transpalé eléctrico con conductor acompañante	Transpalé eléctrico con conductor montado	Carretilla contrapesada
Precio de compra	451 $	6.500 $	9.200 $	23.100 $
Consumo de electricidad	0 $	91,4 $	91,4 $	91,4 $
Personal, conductor	1	1	1	1
Costo de personal	15.000 $/año	15.000 $/año	15.000 $/año	15.000 $/año
Productividad (palé/hora)	50	82	104	110
Mantenimiento	13,5 % s/compra	13,5 % s/compra	13,5 % s/compra	13,5 % s/compra
Actividad	1.200 h/año	1.200 h/año	1.200 h/año	1.200 h/año

Tabla 10.3. Costos y consumos de cada uno de los equipos.

	Transpalé manual	Transpalé eléctrico con conductor acompañante	Transpalé eléctrico con conductor montado	Carretilla contrapesada
Inversión de compra	451 $	6.500 $	9.200 $	23.100 $
Amortización (5 años) Valor residual 15 %	90,2 $ 0 $	1.100 $ 980 $	1.600 $ 1.400 $	3.900 $ 3.500 $
Consumo de electricidad	0 $	91,4 $	91,4 $	91,4 $
Mantenimiento (13,5 % valor de compra)	60,1 $	882 $	1.200 $	3.100 $
Costo de personal	15.000 $	15.000 $	15.000 $	15.000 $
Costos totales	15.200 $	17.100 $	17.900 $	22.400 $
Costos $/hora	12,7 $	14,3 $	14,9 $	18,7 $
Productividad palé/hora	50	82	104	110
Costo operación $/palé	0,3 $	0,2 $	0,1 $	0,2 $

Tabla 10.4. Costo unitario de cada equipo según su productividad.

Capítulo 11

Capacidad y operatividad del almacén

1 Antecedentes del caso

- La empresa objeto de este caso se dedica a la comercialización de artículos de jardinería y ferretería a establecimientos minoristas.

- El tipo y volumen de productos con los que trabaja son muy variados, además de contar con gran número de referencias.

- En la actualidad, la preparación de pedidos se realiza con medios manuales, lo que resulta muy costoso para la empresa.

- El crecimiento del área de almacenamiento se ha realizado adquiriendo naves anexas al almacén originario de la compañía, que en algunos casos están situados a diferentes niveles, y los desplazamientos se efectúan por medio de rampas con pendiente.

2 Descripción de la situación actual

2.1 Recepción de las mercancías

La operativa de las mercancías en el almacén se inicia con su recepción y descarga, tras la que se efectúa la correspondiente comprobación. Esta operación se realiza por las mañanas, lo que conlleva que la zona de recepción se encuentre saturada de mercancías recién descargadas, con el correspondiente aumento del riesgo de que se cometan errores en su identificación, registro, etc.

2.2   Ubicación en la zona de almacenaje

Durante la tarde se procede a la ubicación de las mercancías y se confirma su posición dentro del almacén.
Hay habilitadas seis zonas de ubicación que se detallan en la tabla 11.1.

2.3   Preparación de pedidos

Las órdenes de preparación de pedidos se lanzan diferenciadas por zonas y los pedidos se preparan de uno en uno.

2.3.1   En zona de preparación de pedidos

- Cada operario prepara las líneas correspondientes a una o varias calles.
- Trabajan con carretillas recogepedidos de nivel medio.
- Al finalizar el pedido en la cabecera del bloque de estanterías se trasvasan los bultos a un contenedor rodante *(roll-tainer)*. Después se consolidan en uno o varios contenedores rodantes los bultos preparados por los cuatro preparadores y se trasladan a la zona de expediciones.
- En las líneas que no se han completado por errores de ubicación, un operario se dedica a repasar los recorridos para detectar posibles faltas.

Zona de ubicación	Sistema de almacenamiento
Zona de pinturas	Estanterías de paletización convencional
Zona anexa a pinturas	Almacenamiento en el suelo para productos diversos (perfiles, devoluciones tanto de clientes como de proveedores, cubos de basura, escobas, etc.)
Zona de preparación de pedidos	Estanterías de preparación de pedidos, con pasillos estrechos para el tránsito de recogepedidos de nivel medio
Zona 1 de paletización	Estanterías de paletización convencional de cinco alturas, donde los tres niveles inferiores son para preparación de pedidos manual y el resto para almacenamiento general o productos de fuera de campaña
Zona 2 de paletización	Estanterías convencionales para productos de campaña, ofertas, etc., y al fondo el almacenamiento en el suelo de productos de manipulación dificultosa
Zona 3 de varios	Almacenamiento en el suelo o apilado de productos de difícil manipulación, como hormigoneras, andamios, carretillas, escaleras, etc.

Tabla 11.1. Zonificación del almacén.

2.3.2   En zona de paletización

- Los operarios trabajan con tres carretillas recogepedidos de nivel bajo y se desplazan por las distintas zonas del almacén.
- Los bultos se depositan sobre contenedores rodantes y, finalizado el proceso, se trasladan a la zona de expediciones donde se consolidan con los contenedores generados en la zona de preparación de pedidos.
- Se repasan las faltas por un operario y la reposición de palés de zonas elevadas a cotas inferiores se efectúa mediante una carretilla retráctil.

2.4   Expedición

En la zona de expedición se depositan los pedidos de los clientes que se encuentran a la espera de que vengan a recogerlos o sean cargados en los medios de transporte para su distribución.

PLANO DE LA SITUACIÓN INICIAL

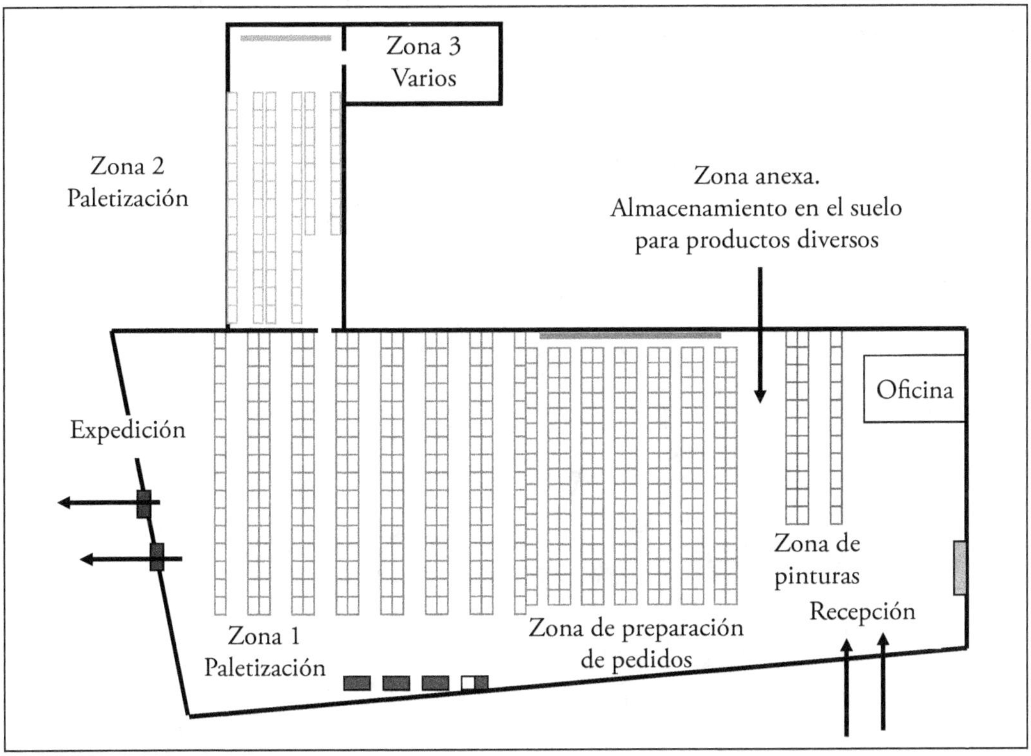

Figura 11.1. Plano del almacén objeto de mejora, con el detalle de la situación inicial.

3   Mejorar la capacidad y la operatividad

Dos de los objetivos de la empresa son mejorar la capacidad de su almacén para resolver el problema de saturación e incrementar la productividad para reducir los costos de preparación de pedidos.

Suele ser habitual en nuevos proyectos de almacén o en la remodelación de los existentes llevar a cabo la automatización parcial de un área y que se proyecten soluciones del tipo «producto a operario». Estos sistemas ofrecen una adecuada seguridad y velocidad en las operaciones, con lo que se minimizan los errores en la preparación de pedidos.

Hay que analizar la situación inicial de la empresa, estudiar los movimientos y la cantidad de referencias existentes en el almacén, con el fin de determinar el número de equipos y puestos de preparación de pedidos necesarios, además de las características físicas del almacén.

3.1   Recursos técnicos

Entre los recursos técnicos que deben tenerse en cuenta para los objetivos de la empresa existen los sistemas de almacenamiento con estanterías conocidos como «rotativos» o «carruseles», verticales u horizontales.

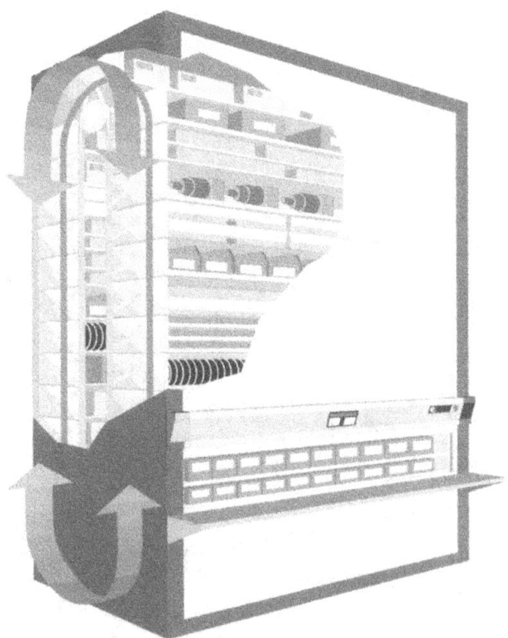

Figura 11.2. Modelo de estantería carrusel vertical o paternóster.

3.1.1   Sistemas rotativos verticales

Se trata de un sistema de almacenamiento compacto donde los estantes se mueven verticalmente, a modo de noria. También se conocen como «paternóster».
Las características básicas de este tipo de equipo son:

- Permiten aprovechar alturas máximas. De hecho, ofrecen sus mayores ventajas en alturas superiores a los 3,5 m.
- Su instalación precisa una reducida superficie.
- Está concebido para el almacenamiento y la preparación de pedidos de productos pequeños o medianos.
- Es un elemento de gran flexibilidad, lo que permite su adaptación a la superficie y las alturas disponibles en el almacén.
- Se pueden combinar fácilmente con carruseles horizontales para soluciones totalmente integradas.

3.1.2   Sistemas rotativos horizontales

Como el equipo anterior, es un sistema de almacenamiento compacto, si bien en este caso los estantes se desplazan en sentido horizontal.

Figura 11.3. Modelo de carrusel horizontal.

CLASIFICACIÓN **ABC**. SALIDAS

Grupo	Tramos (%)	Núm. de líneas	Núm. de referencias	Promedio de líneas por referencia	Total de unidades	Promedio de unidades por línea
A	De 0 a 33	17.186	795	22	270.567	16
B	De 34 a 66	17.202	2.365	7	349.255	20
C	De 67 a 100	17.200	8.410	2	152.213	9
Totales		51.588	11.570		772.035	

Tabla 11.2. Clasificación ABC por líneas de pedido.

Sus características básicas son:

– Se adapta a espacios de altura limitada.
– Permite el almacenamiento y la preparación de pedidos de una mayor tipología de productos en cuanto a tamaño y peso respecto a los paternóster.
– Proporciona una extraordinaria rapidez de acceso a los productos y una gestión óptima en el flujo de materiales.

A la hora de optar entre un sistema u otro, será más adecuado aquel que mejor se adapte a las condiciones de la instalación, es decir, tomando en consideración:

– El tipo de producto que se ha de almacenar.
– La rotación de los productos.
– Las condiciones de la nave donde se ubica el almacén (altura, dimensiones, etc.).

Para el estudio del caso que nos ocupa, en la tabla 11.2 se resume el análisis ABC de las líneas de pedido para las salidas de un mes (véase el capítulo 7).

La cumplimentación del 66,6 % de las líneas de pedido (34.388 líneas) se realiza con el 26 % de las referencias (3.160 referencias).

4   Diagnóstico de la situación

Lo que se observa en una primera visión del almacén es saturación, desorden y desaprovechamiento de la capacidad de almacenamiento.

• **Saturación**

– Productos de la misma familia se almacenan en sitios distintos ocupando más de un hueco.

- Referencias que se almacenan en el suelo por falta de sitio adecuado.
- Referencias que se apilan unas sobre otras o se ubican en hueco compartido.
- Muchas referencias obsoletas.

- **Desorden**

  - Productos sobrantes de campañas anteriores ocupan huecos en la zona 1 y productos de la campaña actual y ofertas se almacenan en la zona 2.
  - El operario que prepara los pedidos en el área de paletización en ocasiones ha de recorrer todo el almacén para completar un pedido.

- **Suciedad**

  - Muchas mercancías con embalajes deteriorados o con polvo acumulado se van quedando atrasadas porque se da preferencia a los embalajes o productos nuevos.

- **Desaprovechamiento de la capacidad de almacenamiento**

  - Productos obsoletos y de fuera de campaña.

En resumen, el sistema operativo es excesivamente complicado, lo que aumenta el número de errores y eleva los costos de preparación de los pedidos.

5   Costos por operación de la situación actual

Para calcular el costo por operación de la situación actual, se deben tomar en consideración las operaciones efectuadas por los operarios y los elementos de manutención disponibles (véase la tabla 11.3), así como los siguientes datos:

- El total de líneas producidas en un año asciende a 708.000.
- Los salarios reflejan el costo total de la empresa.
- La amortización de los equipos se prevé en diez años.

De todo ello se deduce el costo anual de los medios disponibles (véase la tabla 11.4) y el costo del sistema de preparación de pedidos actual:

$$\text{Costo unitario/línea pedido} = \frac{\text{Costo anual}}{\text{Líneas producidas}} = \frac{243.300}{708.000} = 0,3 \ \$/\text{línea.}$$

Costos por operación

Operario	Operaciones	Plantilla			Elementos de manutención
		Turno 1	*Turno 2*	*Total*	
Repasador	– Control de entradas de proveedores – Control de devolución de clientes	2	0	2	1 transpalé eléctrico
Preparación de pedidos de piezas	– Ubicar entradas – Preparar líneas de pedidos – Repasar errores	4	3	7	5 recogepedidos de nivel alto
Preparación de pedidos de paletización	– Preparar líneas de pedidos – Repasar errores	3	3	6	4 recogepedidos de nivel bajo
Carretillero	– Ubicar entradas de palés – Movimientos internos	1	1	2	1 carretilla retráctil
Embalaje	– Control de bultos – Compactar expediciones – Traslados a muelle	1	1	2	1 transpalé manual
Limpiador	– Limpieza de almacén	1	0	1	1 escoba mecánica
Total plantilla		12	8	20	

Tabla 11.3. Operaciones efectuadas por los diferentes operarios y elementos de manutención utilizados.

6   Alternativas de mejora

Uno de los objetivos que se pretende alcanzar es mejorar la productividad en la preparación de los pedidos para reducir los costos de este proceso, lo cual es posible conseguir mediante la introducción de sistemas automatizados.

6.1   *Ventajas de los sistemas automatizados*

Entre las numerosas ventajas que pueden aportar los sistemas de automatización de almacenes, destacan:

- Aumento de la productividad en la preparación de pedidos (número de líneas o unidades por hora).
- Ahorro de desplazamientos del operador en la preparación de los pedidos, al tratarse de sistemas basados en el principio «mercancía al operario».

Medios disponibles	Precio unitario ($)	Precio anual ($)	Total anual ($)
13 operarios	18.000	234.000	234.000
5 recogepedidos de nivel alto	15.000	75.000	7.500
4 recogepedidos de nivel bajo	4.500	18.000	1.800
Total anual			243.300

Tabla 11.4. Costo total anual de los medios disponibles.

— Gestión de un número mayor de referencias.
— Aumento de la fiabilidad y calidad de los procesos, lo que implica una disminución de los errores.
— Optimización del espacio de almacenamiento.
— Almacenamiento cerrado que facilita el control de las existencias y permite la protección del contenido.

- **Alternativa A**

  Consiste en estrechar pasillos en la zona de almacenamiento de palés para operar con una carretilla de pasillo estrecho (trilateral) y en la zona de preparación de pedidos instalar tres carruseles horizontales y un paternóster.

  — Ampliación de la zona de entradas a 482 m².
  — Ampliación de la zona de pinturas mediante estanterías de paletización convencional: 56 módulos × 5 alturas × 3 huecos = 840 huecos/palé.
  — Zona de preparación de pedidos con estanterías adecuadas para este fin: [(7 calles × 17 estanterías) + (13 estanterías de pintura)] × 15 alturas = 1.980 módulos × 6 posiciones = 11.880 huecos.
  — Autómatas en zonas de preparación de pedidos mediante:

    - 3 carruseles horizontales: 3 × 70 jaulas × 9 niveles × 2 referencias = 3.780 huecos.
    - 1 paternóster: 32 bandejas × 2 niveles × 12 posiciones de frente × 3 posiciones de fondo = 2.304 huecos.

  — Zona 1 de paletización mediante estanterías de paletización convencional y estrechamiento de pasillos para operar con carretilla trilateral:

    - 16 calles × 16 estanterías × 5 niveles × 3 posiciones – 60 huecos zona puerta = 3.780 huecos/palé.

– Zona 2 de paletización mediante estanterías de paletización convencional:

- 68 módulos × 4 alturas × 3 posiciones = 816 huecos/palé.

– Zona 3 de manipulación especial mediante jaulas.

- **Alternativa B**
  Consiste en mantener los pasillos de paletización actuales adaptados con carriles para los recogepedidos de altura y autómatas en la zona de preparación de pedidos.
  Los datos son similares a los de la alternativa A, excepto en un espacio:

– Zona 1 de paletización, mediante estanterías de paletización convencional y estrechamiento de pasillos para operar con carretilla trilateral:

- 14 calles × 16 estanterías × 5 niveles × 3 posiciones = 3.360 huecos/palé.

Plano de la alternativa A

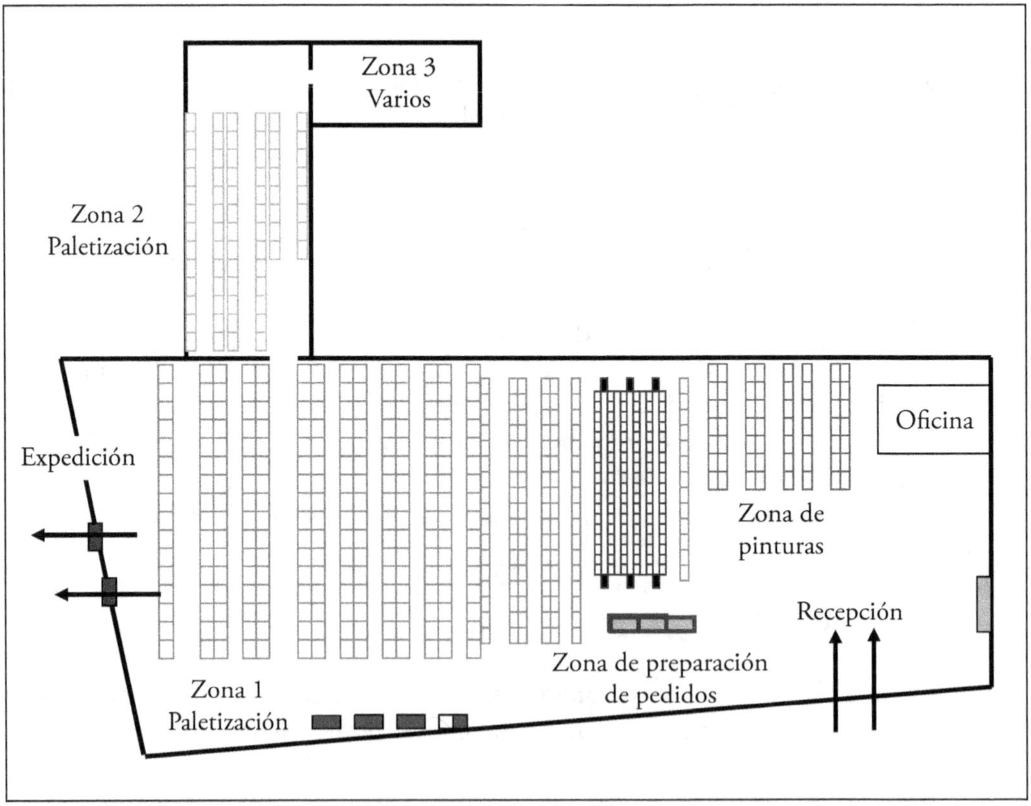

Figura 11.4. Plano del almacén objeto de mejora, con el detalle de la alternativa A.

Alternativa	Descripción	Huecos palé	Huecos preparación de pedidos	Inversiones
0	Situación inicial	4.671	18.890	
A	Estrechamiento de pasillos palés y autómatas en la preparación de pedidos	5.436 (+16 %)	17.964 (–5 %)	1 carretilla trilateral Estanterías convencionales 3 carruseles 1 paternóster Jaulas metálicas
B	Recogepedidos en pasillos de paletización y autómatas en la preparación de pedidos	5.016 (+7 %)	17.964 (–5 %)	Estanterías convencionales Carriles 3 carruseles 1 paternóster Jaulas metálicas
C	Alternativa B + división de huecos/palé en dos posiciones	10.032 (+215 %)	17.964 (–5 %)	Estanterías convencionales Carriles Largueros estanterías 3 carruseles 1 paternóster Jaulas metálicas

Tabla 11.5. Resumen de las alternativas analizadas.

- **Alternativa C**

  Es similar a la alternativa B, con la única diferencia de que se dividen en dos los huecos/palé.

  – Zona 1 de paletización, mediante estanterías de paletización convencional y estrechamiento de pasillos para operar con carretilla trilateral:

    - 14 calles × 16 estanterías × 5 niveles × 3 posiciones = 3.360 huecos/palé × 2 niveles = 6.720 huecos/palé.

  – Zona 2 de paletización, mediante estanterías de paletización convencional:

    - 68 módulos × 4 alturas × 3 posiciones = 816 huecos/palé × 2 niveles = 1.632 huecos/palé.

Como lo que se pretende es mejorar la capacidad del almacén y la productividad en la preparación de pedidos, a la vista del resumen de las alternativas propuestas que se aprecia en la tabla 11.5, vamos a analizar la alternativa C con respecto a la situación actual, ya que parece la alternativa más completa.

Operario	Actual (personal)	Descripción	Futuro (personal)	Ventajas
Repasador	2	La mayor productividad por incremento de espacio y el uso de radiofrecuencia ofrece la posibilidad de que el repasador haga la entrada en elementos automatizados (carruseles y paternóster)	1,5 o 2	Disponibilidad de tiempo
Preparación de pedidos, paquetería	7	Un operario 175 líneas/h × 6 h = 1.050 líneas/turno + 1.050 h (segundo turno) = 2.100 líneas	2	Disponibilidad de 2 horas por operario
Preparación de pedidos, paletización	6	Un operario con recogepedidos a 45 líneas/h × 6 h = 270 líneas × 2 turnos = 540 líneas	2	Disponibilidad de 2 horas por operario
Carretillero	2	Entradas de palés completos, reubicación y paletización	1,5 o 2	Disponibilidad de tiempo
Embalaje y expedición	2	Control y embalaje. Preparación de pedidos agrupado en el almacén C y transporte a zona de embalaje	2	
Limpiador	1	Cada operario se responsabiliza de la limpieza en su zona de operaciones	0	
Total	20		10	

Tabla 11.6. Contraste entre la situación actual y la futura.

6.2 Comparación entre la situación actual y la futura

Del contraste entre la situación actual y la futura, mediante la implantación de automatismos, se desprende el esquema comparativo que se expone en la tabla 11.6.

En resumen, la capacidad de producción con este sistema es de 2.640 líneas/día.

7 Justificación económica

7.1 Retorno de la inversión

Tomando como referencia la alternativa C, la inversión necesaria para el desarrollo del proyecto consistiría en el valor del conjunto de elementos que se detallan en la tabla 11.7, donde también se detallan los recursos sobrantes de utilizar esta alternativa.

Elementos	Valor económico ($)	Recursos sobrantes	Valor económico ($)
Estanterías	36.000	50 % de estanterías de reparación de pedidos, paquetería	18.000
3 carruseles	300.500		
1 paternóster	36.000	3 recogepedidos de nivel alto	27.000
Equipos auxiliares	30.000	4 recogepedidos de nivel bajo	9.000
Total inversión (TI)	402.500	Total recursos sobrantes (TRS)	54.000
Inversión neta: TI – TRS	348.500		

Tabla 11.7. Inversión económica de la alternativa C y recursos sobrantes.

A las ventajas de optar por la alternativa C, cabe añadir que el ahorro en mano de obra es de 180.000 $ (10 operarios a 18.000 $/año) y la previsión de retorno de la inversión es de dos años.

7.2 Costo por operación

Tomando en consideración el volumen de líneas producidas anualmente (708.845 líneas), una amortización de los equipos en diez años y el costo de los recursos humanos (véase la tabla 11.8), el costo del sistema de preparación de pedidos con la introducción de automatismos sería el siguiente:

$$\text{Costo unitario/línea pedido} = \frac{111.700}{708.000} = 0,1 \text{ \$/línea}$$

El ahorro que se obtiene con este sistema por línea asciende a 0,2 $/línea (0,3 – 0,1), lo que significa un ahorro anual de 141.600 $ (0,2 $/línea × 708.000 líneas).

Medios disponibles	Precio unitario ($)	Precio anual ($)	Total anual ($)
4 operarios	18.000	72.100	72.100
2 recogepedidos de nivel alto	15.000	30.000	3.000
3 carruseles	300.500	300.500	30.000
1 paternóster	36.000	36.000	3.600
Equipos auxiliares	30.000	30.000	3.000
Total anual			111.700

Tabla 11.8. Costo total anual de los medios disponibles con la alternativa C.

8 Conclusiones

- Ante el nivel de saturación del almacén, y dado que se produce un incremento del número de referencias, si no se introduce algún cambio con respecto a la situación inicial, la ineficiencia del almacén se incrementará progresivamente.
- La mejor alternativa es transformar la organización del almacén rediseñando los sistemas operativos.
- Las alternativas de mejora de la capacidad y operatividad están plenamente justificadas desde el punto de vista cuantitativo, por el ahorro que aportan y el retorno de la inversión y, desde el punto de vista cualitativo, por las mejoras de la organización y la disminución de errores que estos sistemas conllevan.
- La alternativa C soluciona los problemas de capacidad y operatividad actuales, ya que maximiza el volumen de espacio disponible y minimiza las operaciones de manipulación y transporte interno.

Capítulo 12
Sistemas de preparación de pedidos

1   Antecedentes del caso

- Se trata de una empresa que posee un almacén de distribución de material eléctrico.

- Los productos con los que opera son de pequeñas dimensiones: interruptores, diferenciales, aparellaje industrial, etc.

- Distribuye sus productos a empresas mayoristas en México y Estados Unidos.

- La expedición de sus envíos se realiza por medio de agencias de transporte (suministro en 24 horas).

- En cuanto a la estabilidad de su mercado, posee una demanda estable a lo largo del año.

El almacén de la empresa objeto de estudio está estructurado con estanterías convencionales, y las ubicaciones de los productos según el análisis ABC de operaciones (véase el capítulo 7) son las que se aprecian en la figura 12.1.

2   Objetivos del proyecto

La empresa de este caso desea realizar un proyecto de mejora en la productividad de su almacén, con el fin de tener la capacidad suficiente para cumplimentar los pedidos de sus clientes en el mismo día en que se reciben.

Del análisis comparativo de las distintas alternativas se pretende seleccionar la que represente el mínimo costo por operación.

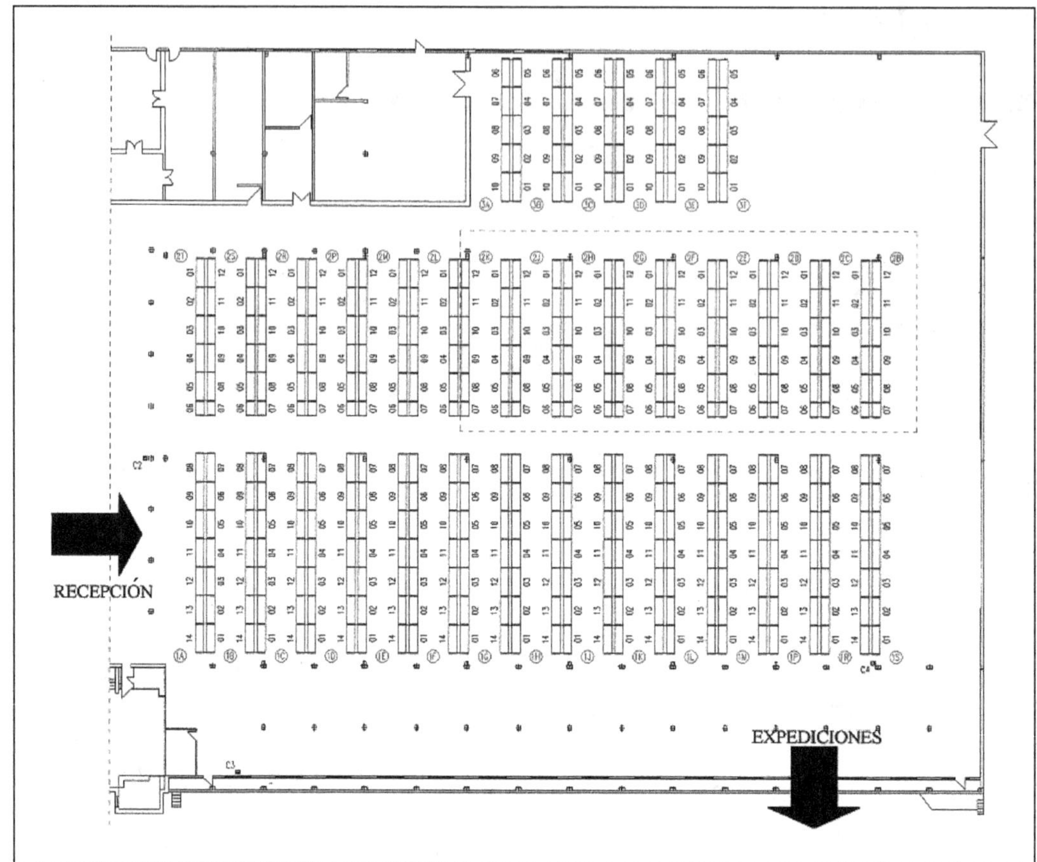

Figura 12.1. Distribución en planta del almacén, equipado con estanterías convencionales.

Para analizar los movimientos se dispone de las operaciones de 57 días laborables, cuyo resumen se muestra en la tabla 12.1.

Por medio del análisis ABC de las operaciones se observa la desproporción de movimientos entre unas referencias y otras (véase la tabla 12.2). Aproximadamente, el 20 % de las referencias genera el 80 % de las líneas de pedido.

3   Análisis de inversiones y costos de operación

Parece conveniente considerar las siguientes hipótesis de partida para el análisis de las inversiones y los costos de operación:

— Sistema de preparación de pedidos con reposiciones de los consumos desde el almacén principal.

Albaranes	
Núm. de albaranes	6.291
– Albaranes con unidades sueltas	6.259
– Albaranes con embalajes completos	582
Media de albaranes/día	110
Núm. unidades servidas en el período	275.101
– Núm. unidades sueltas servidas	249.861
– Núm. embalajes completos	1.971

Líneas de albarán	
Núm. total de líneas de albarán	132.667
Media de línea/albarán	21,1
– Albaranes con <5 líneas	5.202
– Albaranes entre 6 y 50 líneas	1.009
– Albaranes con >50 líneas	80
Media línea/día	2.327
– Líneas con unidades sueltas	131.072

Tabla 12.1. Resumen de operaciones.

Clasificación ABC de las referencias							
	Total	*Ref. A*	%	*Ref. B*	%	*Ref. C*	%
Núm. de referencias con movimiento	3.372	672	19,9	446	13,2	2.254	66,8
Núm. de líneas de albarán	132.667	106.358	80,2	13.312	10	12.997	9,8
Núm. de unidades servidas	275.101	235.487	85,6	26.685	9,7	12.929	4,7
Núm. de unidades sueltas servidas	249.861	217.791	87,2	18.521	7,4	13.549	5,4
Núm. de embalajes completos servidos	1.971	1.894	96,1	66	3,3	11	0,6

Tabla 12.2. Análisis ABC de las operaciones.

- Existencias medias en la zona de preparación de pedidos equivalente a 15 días de consumo.
- Sistema especializado para referencias A. Resolviendo la problemática de las referencias A se obtendría una solución para el 80 % de las líneas de pedido que se han de preparar:

  - Número de referencias: 672.
  - Volumen medio de las existencias en preparación de pedidos: 72 m³.
  - Líneas de albarán al día: 2.000.
  - Horas de trabajo útiles por jornada: 6.

En el análisis comparativo de las distintas posibilidades se deben considerar las variables más significativas, como las inversiones y los costos por operación:

- Inversiones:

  - Equipos.
  - Sistema informático.

- Costos de operación:

  - Alquiler de suelo (60 \$/m² al año).
  - Mano de obra (21.000 \$/año por operador).

- Otros costos que se han de considerar (no incluidos en este análisis):

  - Equipamiento auxiliar.
  - Costo del capital invertido.
  - Mantenimiento de equipos y sistemas.
  - Costo de las existencias (seguros, errores, etc.).
  - Consumos (electricidad, calefacción, etc.).
  - Otros costos indirectos (administración, etc.).

4 Alternativas que se han de considerar

En los esquemas de las páginas siguientes se describe cada una de las alternativas posibles y sus requerimientos.

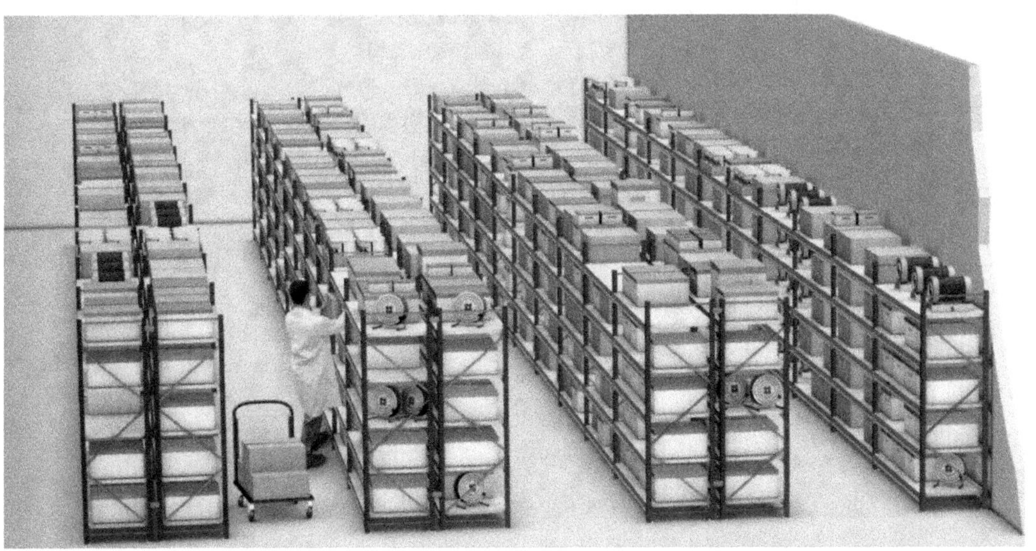

Figura 12.2. Preparación de pedidos en un almacén equipado con estanterías convencionales.

ESTANTERÍAS CONVENCIONALES PARA CAJAS (SIN SISTEMA INFORMÁTICO)

256 m²

Núm. de módulos para 72 m³	229
Superficie ocupada	256 m²
Núm. de líneas por hora y operador	30
Núm. de operadores para 2.000 líneas en 6 horas	11,1

Inversiones	
– Equipos	16.500 $
– Sistema informático	0 $
Costos de operación (por año)	
– Alquiler de suelo (256 m²)	15.500 $
– Mano de obra (11,1)	233.500 $

*Tabla 12.3. Características y requerimientos esenciales con la alternativa
de estanterías convencionales.*

Figura 12.3. Modelo de estanterías dinámicas.

ESTANTERÍAS DINÁMICAS (CON SISTEMA INFORMÁTICO)

Núm. de módulos para 72 m³	24
Superficie ocupada	234 m²
Núm. de líneas por hora y operador	80
Núm. de operadores para 2.000 líneas en 6 horas	4

Inversiones	
– Equipos	21.600 $
– Sistema informático	12.000 $
Costos de operación (por año)	
– Alquiler de suelo (234 m²)	14.000 $
– Mano de obra (4,2)	88.300 $

Tabla 12.4. Características y requerimientos esenciales con la alternativa de estanterías dinámicas.

Figura 12.4. Sistema de almacén compacto, donde los estantes se mueven verticalmente.

Sistema rotativo vertical (paternóster)

80,5 m²	
Núm. de módulos para 72 m³	180
Núm. de equipos para 72 m³	7,5
Superficie ocupada	81 m²
Núm. de líneas por hora y operador	150
Núm. de operadores para 2.000 líneas en 6 horas	2

Inversiones	
– Equipos	264.400 $
– Sistema informático	9.000 $
Costos de operación (por año)	
– Alquiler de suelo (81 m²)	4.800 $
– Mano de obra (2,2)	46.300 $

Tabla 12.5. Características y requerimientos esenciales con la alternativa de un sistema rotativo vertical.

Figura 12.5. Sistema de almacenamiento de extracción vertical.

SISTEMA DE EXTRACCIÓN VERTICAL *(LIFT)*

Núm. de bandejas para 72 m³	179
Núm. de equipos para 72 m³	7,5
Superficie ocupada	95,2 m²
Núm. de líneas por hora y operador	120
Núm. de operadores para 2.000 líneas en 6 horas	3

Inversiones	
– Equipos	264.400 $
– Sistema informático	9.000 $
Costos de operación (por año)	
– Alquiler de suelo (81 m²)	5.700 $
– Mano de obra (2,2)	58.900 $

Tabla 12.6. Características y requerimientos esenciales con la alternativa de un sistema de extracción vertical.

Figura 12.6. Sistema de almacenamiento rotativo horizontal.

SISTEMA ROTATIVO HORIZONTAL (CARRUSEL)

136 m²	
Núm. de bandejas para 72 m³	130
Núm. de equipos para 72 m³	1,9
Superficie ocupada	136 m²
Núm. de líneas por hora y operador	150
Núm. de operadores para 2.000 líneas en 6 horas	2

Inversiones	
– Equipos	180.300 $
– Sistema informático	18.000 $
Costos de operación (por año)	
– Alquiler de suelo (81 m²)	8.200 $
– Mano de obra (2,2)	46.700 $

Tabla 12.7. Características y requerimientos esenciales con la alternativa de un sistema rotativo horizontal.

Figura 12.7. Transelevador en un almacén automatizado.

TRANSELEVADOR DE CAJAS

108 m²	(x 2)

Núm. de módulos para 72 m³	1.174
Núm. de equipos para 72 m³	2
Superficie ocupada	108 m²
Núm. de líneas por hora y operador	140
Núm. de operadores para 2.000 líneas en 6 horas	2

Inversiones	
– Equipos	240.400 $
– Sistema informático	24.000 $
Costos de operación (por año)	
– Alquiler de suelo (81 m²)	6.500 $
– Mano de obra (2,2)	50.500 $

Tabla 12.8. Características y requerimientos esenciales con la alternativa de un transelevador.

Estimación de costos	Estanterías convencionales sin SI	Estanterías dinámicas con SI	Paternóster con SI	Extracción vertical con SI	Carrusel con SI	Transelevador con SI
Año 1						
Inversiones	3.300	6.700	54.700	54.700	39.700	52.900
Operaciones	248.900	102.400	51.100	64.600	50.200	57.000
Total	252.200	109.100	105.800	119.300	89.900	109.900
Año 2						
Inversiones	3.300	6.700	54.700	54.700	39.700	52.900
Operaciones	248.900	102.400	51.100	64.600	50.200	57.000
Total	504.400	218.200	211.600	238.600	179.800	219.800
Año 3						
Inversiones	3.300	6.700	54.700	54.700	39.700	52.900
Operaciones	248.900	102.400	51.100	64.600	50.200	57.000
Total	756.600	327.300	317.400	357.900	269.700	329.700
Año 4						
Inversiones	3.300	6.700	54.700	54.700	39.700	52.900
Operaciones	248.900	102.400	51.100	64.600	50.200	56.000
Total	1.008.800	436.400	423.200	477.200	359.600	439.600
Año 5						
Inversiones	3.300	6.700	54.700	54.700	39.700	52.900
Operaciones	248.900	102.400	51.100	64.600	50.200	57.000
Total	1.261.000	545.500	529.100	596.500	449.500	549.500

SI = sistema informático.

Tabla 12.9. Análisis comparativo de las alternativas posibles.

	Estanterías convencionales	Estanterías dinámicas	Paternóster	Extracción vertical	Carrusel	Transelevador
Gasto total	1.261.000 $	545.500 $	529.100 $	596.500 $	449.500 $	549.500 $
Operaciones	2.400.000	2.400.000	2.400.000	2.400.000	2.400.000	2.400.000
Costo por línea	0,5 $	0,2 $	0,2 $	0,2 $	0,1 $	0,2 $
Comparativo (%)	100	43	42	47	36	44

Tabla 12.10. Datos esenciales de las alternativas presentadas.

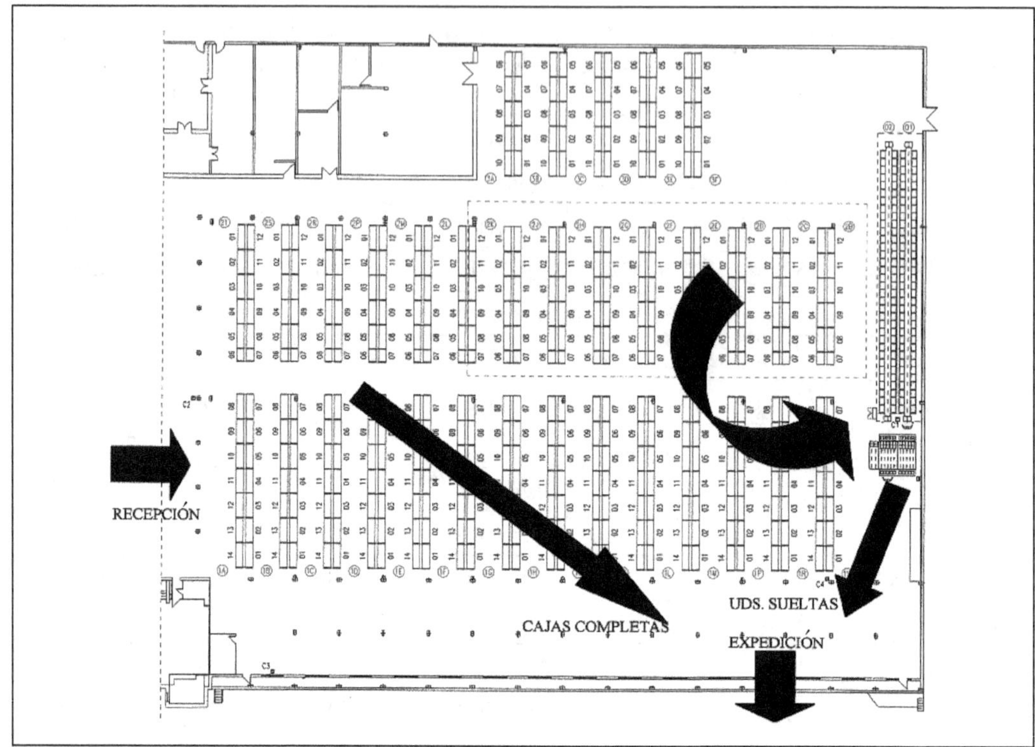

Figura 12.8. Distribución en planta del nuevo almacén.

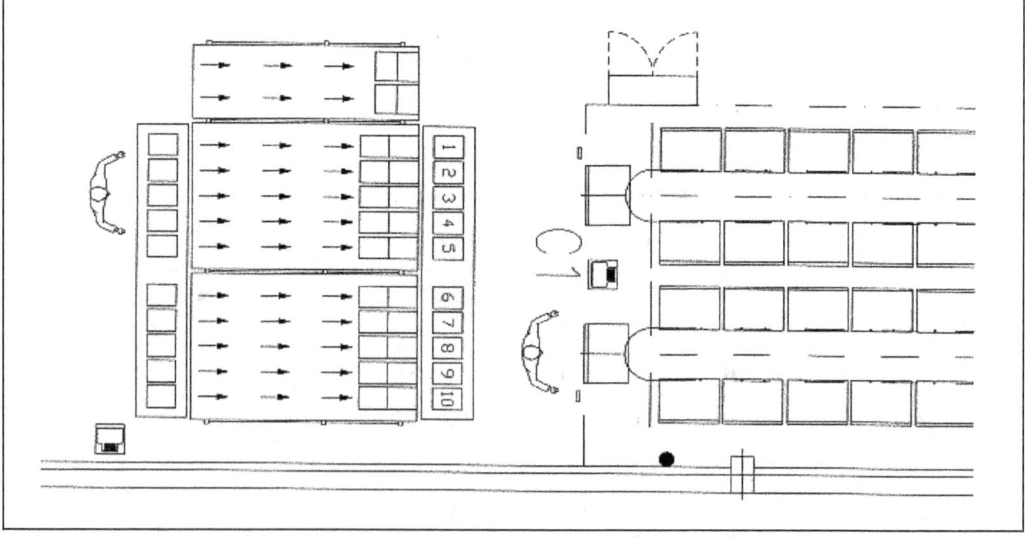

Figura 12.9. Mesa de preparación multipedido (en la cabecera de un carrusel).

5   Costos de las diferentes alternativas

Del análisis comparativo de las diferentes alternativas que se presenta en la tabla 12.9, se debe seleccionar la opción más económica de todas las analizadas, que en este caso corresponde al carrusel, considerando que durante el año se pueden producir 240 jornadas × 2.000 líneas/día, de lo que resultan 480.000 líneas por año y 2.400.000 en un período de cinco años, como se puede apreciar en la tabla 12.10.

6   Conclusiones

- A corto plazo, son más económicas las opciones que requieren menos inversión.
- A largo plazo, son más rentables las que requieren mayor inversión.
- El índice de errores se reduce de manera significativa.
- Desaparece la necesidad de personal especializado.
- La utilización intensiva (dos o tres turnos) aumenta la desproporción de costos entre las alternativas manuales y las automáticas.

La nueva distribución en planta del almacén se puede apreciar en la figura 12.8, donde frente a la zona de carruseles se debería colocar una mesa de preparación multipedido (véase la figura 12.9).

Capítulo 13

Análisis de los costos de transporte

1 Introducción

Este capítulo se centrará en desarrollar casos que sirvan para el análisis de los costos del transporte relativos al modo de transporte por carretera, aunque, como veremos, también serán válidos para prever los costos de los otros modos de transporte (aéreo, marítimo y ferroviario).

Dependiendo del tamaño de los pedidos de los clientes se debe establecer uno u otro modo de transporte, con el fin de cumplimentar cada pedido intentando optimizar las variables «plazo de servicio» y «costos».

Veamos a continuación algunos ejemplos de ello:

- Contratación de un servicio de transporte cuando el pedido que se ha de transportar es equivalente a una carga completa (véase la figura 13.1).

$$\text{Costo unitario de transporte} = \frac{720 \ \$ \ (\text{portes})}{24.000 \ \text{kg} \ (\text{carga})} = 0{,}03 \ \$/\text{kg}$$

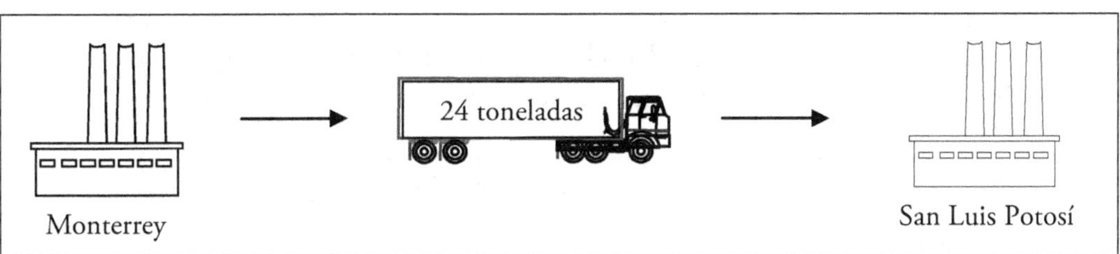

Figura 13.1. Transporte de una carga completa.

VARIAS ENTREGAS: 1 ORIGEN × VARIOS DESTINOS

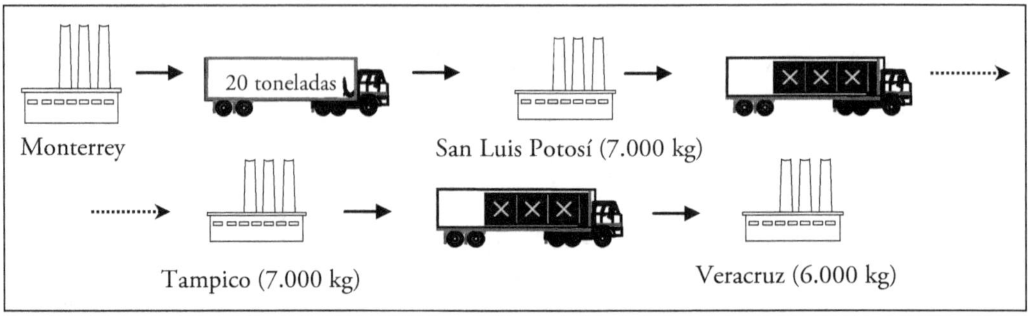

Figura 13.2. Transporte de carga completa y varias entregas.

- Cuando el tamaño de los pedidos se reduce, aunque es posible enviar los pedidos como si se tratara de una carga completa, se producirá un desaprovechamiento de la capacidad del vehículo de transporte y un incremento de los costos. La opción más razonable es esperar a recibir más pedidos que coincidan en la misma ruta y contratar un vehículo donde se agrupen los pedidos de varios clientes (véase la figura 13.2). En este caso, el transportista cobrará una tarifa que incluirá la totalidad del kilometraje recorrido, desde la recogida en origen hasta la última entrega, y un suplemento por cada reparto adicional.

  El incremento de costos de una modalidad a otra supone alrededor de un 70 %.

$$\text{Costo unitario de transporte} = \frac{840 \ \$ \ (\text{portes}) + 120 \ \$ \ (\text{repartos})}{20.000 \ \text{kg (carga)}} = 0{,}05 \ \$/\text{kg}$$

- Cuando no es posible reunir varios envíos en un mismo itinerario, el tipo de contratación más habitual es el grupaje (véase la figura 13.3).

  «Grupajista» es la empresa de transporte que reúne expediciones de varios remitentes para optimizar la ocupación del vehículo y, por tanto, los costos.

  En este caso vamos a suponer que las recogidas se realizan directamente por el vehículo que va a hacer el viaje.

  Este sistema es posible utilizarlo cuando la secuencia horaria es continua, es decir, sin demoras. El recorrido total del vehículo incluye desde la primera recogida hasta la última entrega, y los suplementos se aplican a los repartos y a las recogidas.

$$\text{Costo unitario de transporte} = \frac{120 \ \$ \ (\text{recogidas}) + 840 \ \$ \ (\text{portes}) + 120 \ \$ \ (\text{repartos})}{20.000 \ \text{kg}} = 0{,}05 \ \$/\text{kg}$$

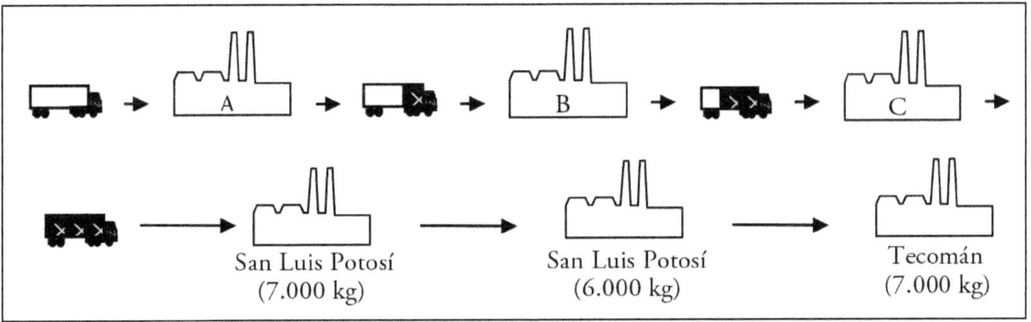

Figura 13.3. Transporte de grupaje.

- Cuando las secuencias horarias de recogida son discontinuas, para evitar penalizaciones por la paralización del vehículo y los cargos correspondientes, se utiliza un centro de consolidación de cargas, adonde se transportan y depositan las mercancías a la espera de completar la ruta de reparto y contratar un vehículo.

En este caso, a los gastos de transporte se han de sumar los costos de las recogidas, con un vehículo distinto del que hará la ruta, las manipulaciones de carga y descarga y los repartos en destino.

$$\text{Costo unitario de transporte} = \frac{\begin{array}{c} 360\ \$\ (\text{recogidas}) + 240\ \$\ (\text{manipulaciones}) \\ +\ 840\ \$\ (\text{portes}) + 120\ \$\ (\text{repartos}) \end{array}}{20.000\ \text{kg}} = 0{,}08\ \$/\text{kg}$$

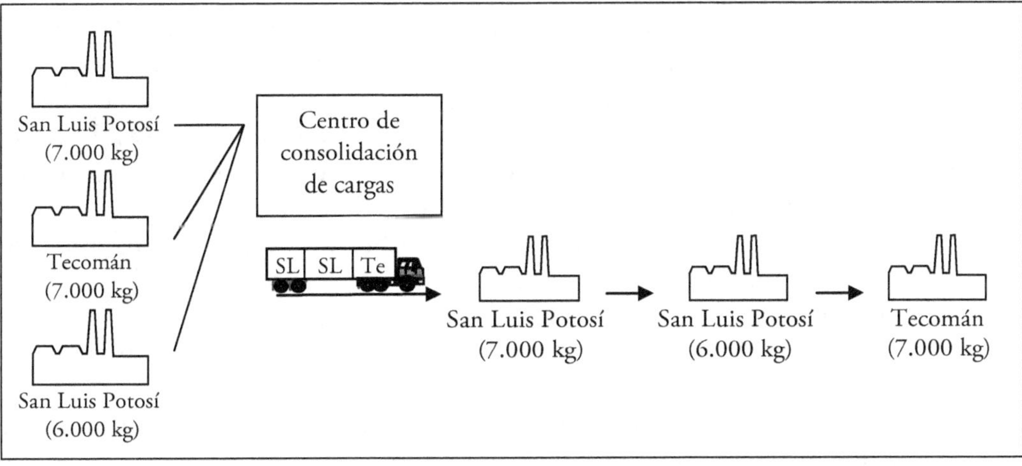

Figura 13.4. Consolidación de cargas.

PAQUETERÍA (AGENCIA ORIGEN)

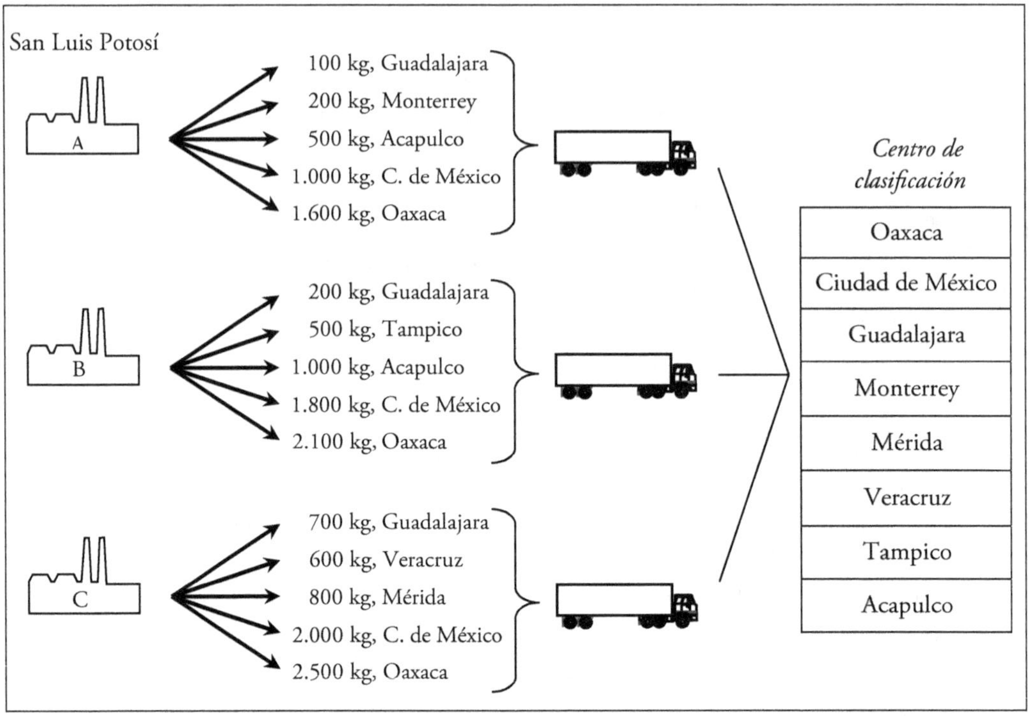

Figura 13.5. Operativa de una agencia de transporte de paquetería como agencia de origen.

- Cuando los pedidos de los clientes tienen un peso inferior a los 2.000 kg, no es posible utilizar los sistemas anteriores y conviene disponer de los servicios de las agencias de transporte de paquetería. En la primera fase de la operativa, las agencias de paquetería realizan las recogidas de la mercancía de diferentes clientes (fábricas A, B, etc.) con múltiples destinos (véase la figura 13.5). Estas mercancías se transportan a un centro de clasificación, donde se clasifican y agrupan según sea su destino.

  Una vez clasificadas, se procede a la carga de los vehículos de larga distancia para que éstos, habitualmente durante la noche, realicen el viaje hacia un centro de distribución o agencia de transportes (véase la figura 13.6).

  En las agencias de destino se reciben los vehículos de distintos orígenes, se descarga la mercancía y se clasifica según las rutas de reparto (véase la figura 13.7).

  El sistema operativo de estas agencias sincroniza las operaciones de recogida, clasificación en origen, transporte, clasificación en destino y reparto en plazos de entre 24 y 48 horas.

  La infraestructura necesaria (almacenes, vehículos, personal, administración, comunicaciones, etc.) supone unos costos importantes, que se manifiestan en las tarifas.

TRANSPORTE DE LARGA DISTANCIA

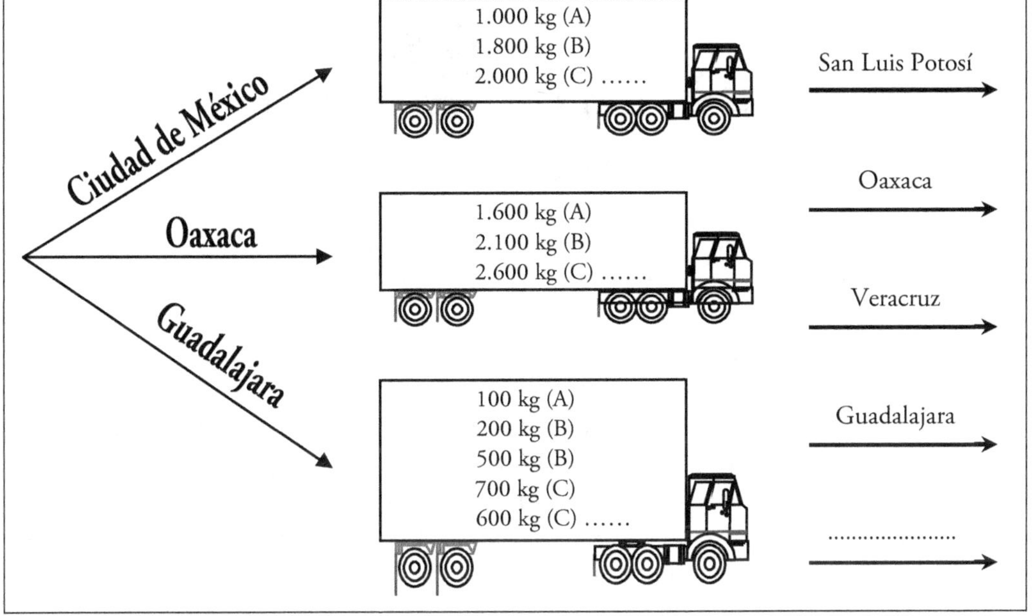

Figura 13.6. Transporte de larga distancia hacia las agencias de transporte de destino.

PAQUETERÍA (AGENCIA DE DESTINO)

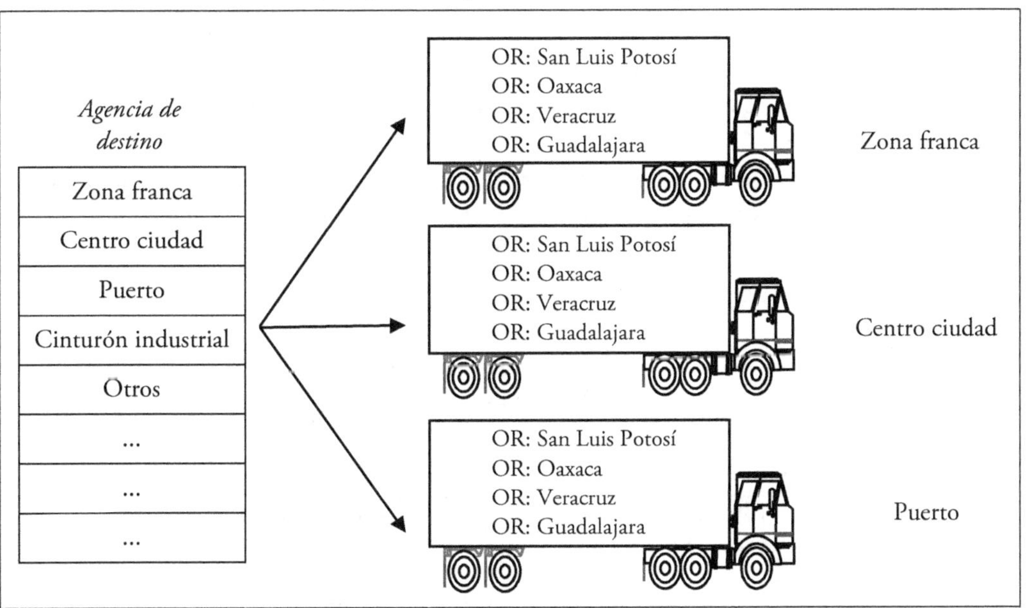

Figura 13.7. Operativa de una agencia de transporte de destino para la clasificación del reparto.

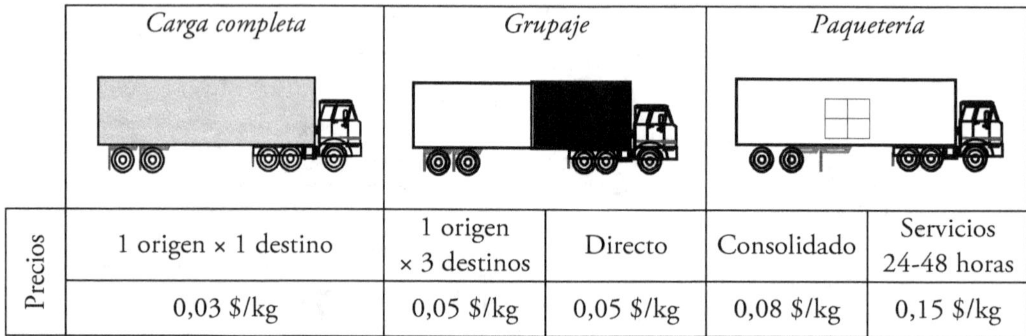

Figura 13.8. Resumen de los costos según la modalidad de contratación de transporte.

En el ejemplo, el precio de mercado para una expedición entre Monterrey y San Luis Potosí en la fracción de 1.000 kg es de 0,15 $/kg.

En la figura 13.8 se resumen los sistemas descritos anteriormente.

Se han descartado los servicios urgentes, en sus diferentes variantes horarias, porque la operativa es similar a la de paquetería.

2 Conclusiones

En el mismo destino se observa que la variabilidad de los costos se sitúa entre los 0,03 y los 0,15 $. Sería un error utilizar el costo medio (0,09 $) para simplificar la gestión de transporte, ya que penalizaría a aquellos clientes que con sus pedidos permiten minimizar los costos de transporte en beneficio de aquellos cuyos pedidos representan unos costos elevados.

Es recomendable controlar los costos de transporte individualmente, de manera que se obtenga un análisis diferenciado para cada cliente y destino.

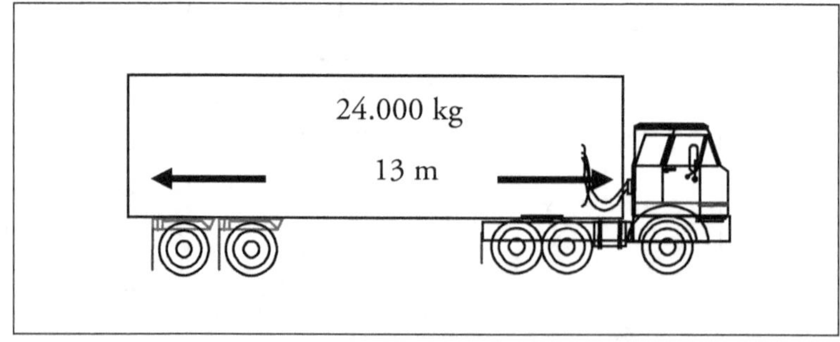

Figura 13.9. Ejemplo de ocupación por metro lineal.

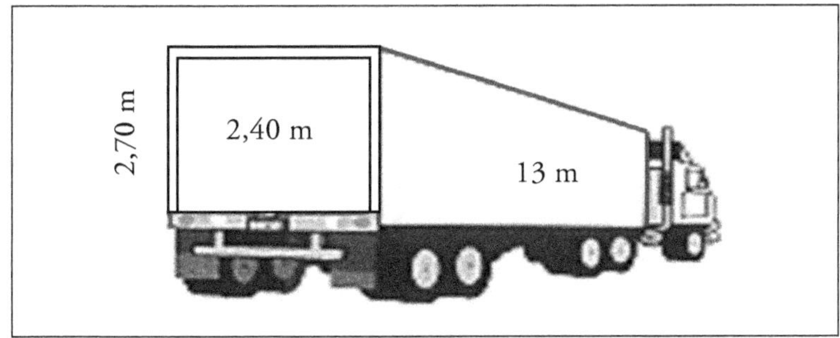

Figura 13.10. Ejemplo para el cálculo de ocupación por metro cúbico.

3 Selección de la variable de control

En el ejemplo desarrollado, la variable de control de transporte es igual a precio por kilogramo, pero puede ocurrir que, en ocasiones, algunos transportistas, para determinadas mercancías, apliquen tarifas por metro lineal de ocupación o por metro cúbico de volumen.

El primer caso (tarifa por metro lineal de ocupación) se utiliza cuando las mercancías no son remontables en el vehículo. El transportista hace un cálculo en el que divide el total de la carga que puede transportar el vehículo entre el número de metros lineales de capacidad. La cantidad resultante es la que permitiría cargar el vehículo a plena capacidad (en el ejemplo de la figura 13.9: 1.850 kg por metro lineal). Pero si la mercancía que se ha de transportar es especial (maquinaria, estatuas, etc.) y no permite alcanzar ese ratio, el vehículo no alcanzará su carga máxima y el transportista aplicará, sobre el número de metros que ocupa la mercancía, el ratio indicado para compensar la desocupación.

En el segundo caso (tarifa por metro cúbico de volumen), la capacidad de los vehículos medida en metros cúbicos se calcula multiplicando el largo del remolque por el ancho y el alto. Al dividir la capacidad total del vehículo entre los metros cúbicos disponibles, resulta el ratio de conversión por metro cúbico (en el ejemplo de la figura 13.10: 24.000 kg / 80 m^3 = 300 kg). Este ratio se debe aplicar cuando la mercancía transportada sea voluminosa (calzado, juguetes, etc.), para evitar que la tarificación por peso (kilogramos) signifique una menor recaudación para el transportista.

Para calcular la tarifa de transporte por bulto, tanto si es remontable (cajas voluminosas) como si no lo es (palés), se deben aplicar los procedimientos anteriormente descritos de tarifa por metro, en el caso de los palés, y tarifa por volumen, en el caso de las cajas.

Capítulo 14

Estiba y ocupación de los vehículos

1 Antecedentes del caso

En esta ocasión trataremos las posibilidades de mejora que pueden existir en la estiba y ocupación de los vehículos de transporte por carretera. Las informaciones básicas del caso que nos ocupa se centran en:

- Empresa dedicada a la fabricación de herramientas especiales que exporta a Europa.

- El transporte de sus productos se realiza en régimen de grupaje.

- Las mercancías se comercializan envasadas en estuches de plástico, empaquetadas en cajas de cartón, que a su vez se embalan sobre palés de 1.000 × 1.200 mm.

- Debido al peso que adquieren las cajas, los clientes exigen que los palés no se remonten unos sobre otros en el transporte para que no se aplasten los envases.

- El nivel de desaprovechamiento de los vehículos origina elevados costos de transporte.

2 Situación actual

El procedimiento de transporte que se sigue comporta algunos problemas logísticos, ya que:

- El escaso volumen de operaciones por país descarta la posibilidad de recuperar los embalajes.

FLUJOS DE TRANSPORTE ANUALES

País	*kg (miles)*	*Núm. expediciones*	*Palés*	*Palés por expedición*	*Peso expedición (kg)*	*Peso medio palé (kg)*
Francia	235	110	582	5	2.136	404
Italia	72	55	198	4	1.314	365
Alemania	1.826	736	3.399	5	2.478	537
Austria	333	84	275	3	3.788	1.212
Dinamarca	350	145	539	4	2.484	650
Noruega	546	123	1.045	9	4.515	523
Suecia	3	12	12	1	259	236
Total	3.365	1.265	6.050	5	2.661	556

Tabla 14.1. Flujos de transporte anuales por país.

– La imposibilidad de remontar los palés provoca un significativo desaprovechamiento de la capacidad de los vehículos, ya que los transportistas cobran por metros lineales utilizados de camión, lo cual encarece los portes.

3   Objetivo

Solucionar la problemática de la ocupación de los vehículos con el fin de reducir los costos de transporte mediante algún sistema que permita apilar las cargas.

COSTOS DE TRANSPORTE

País	*Gasto anual (miles €)*	*kg anuales (miles)*	*€/kg*
Francia	25,5	235	0,11
Italia	14,4	72	0,20
Alemania	178,5	1.826	0,10
Austria	56,1	333	0,17
Dinamarca	59,3	350	0,17
Noruega	104,5	546	0,19
Suecia	1,7	3	0,57
Total	440	3.365	0,13

Tabla 14.2. Costos de transporte anuales por país.

Los datos básicos sobre los flujos de transporte de la empresa por países de destino y los costos asociados a dichos transportes se resumen en las tablas 14.1 y 14.2.

4   Contraste remontando y sin remontar cargas

4.1   Nivel de ocupación de vehículos (sin remontar y remontando cargas)

Dados los pesos medios por palé y país, se trata de calcular los niveles de ocupación y las posibilidades de mejora resultantes de remontar las cargas.

Para ello tomaremos los siguientes datos (véase la tabla 14.3):

— La mercancía tiene un peso medio por palé de 556 kg y un promedio de 1.112 kg/m lineal (556 kg × 2).
— Si los vehículos tienen una capacidad de 24 toneladas en 13 metros lineales de remolque y llevan 26 palés, los kilogramos que pueden transportar por metro lineal de camión son 1.846 kg.
— Si en cada metro lineal, el número de palés es dos (remontando), en cada palé podemos cargar 923 kg.
— Si se remontan los palés, el peso de cada uno de ellos puede reducirse a 462 kg sin que el vehículo vaya infrautilizado.
— La imposibilidad de remontar cargas obliga al transportista a cobrar hasta 1.846 kg, un suplemento por los kilogramos no transportados de 734 kg (1.846 − 1.112) por cada metro lineal, lo que supone un 40 % (734/1.846) de capacidad infrautilizada.

País	*Peso medio palé (kg)*	*Capacidad vehículo (con 26 palés)*	*Nivel de ocupación (%)*	*Desaprovechamiento (%)*	*Peso (kg) palés remontados (con 52 palés)*	*Nivel de ocupación (%)*
Francia	404	10.504	44	56	20.956	87
Italia	365	9.490	40	60	18.980	79
Alemania	537	13.962	58	42	24.000	100
Austria	1.212	24.000	100	0	24.000	100
Dinamarca	650	16.900	70	30	24.000	100
Noruega	523	13.598	57	43	24.000	100
Suecia	236	6.136	26	74	12.272	51
Total	556	14.456	60	40	–	–

Tabla 14.3. Contraste remontando y sin remontar cargas.

4.2   Carga exclusiva

Un camión completo puede llevar hasta 26 palés sin remontar:

26 palés × 556 kg (peso medio por palé) = 14.456 kg.

Si el precio por viaje asciende a 1.502 €, el costo €/kg es:

1.502 €/14.456 kg = 0,10 €/kg.

4.3   Carga remontada y compartida

El mismo camión puede llevar hasta 26 palés remontados en 7 m y dejar 6 m libres para terceros. La parte ocupada del vehículo sería del 53 %.

- Precio del viaje: 1.502 € × 7/13 = 808,77 € (53 % del precio total).
- Costo por kilogramo: 808,77 €/14.456 = 0,06 €/kg.

Al no completarse el viaje con una sola carga, el precio puede tener algún suplemento. Este planteamiento supondría que la mejora de la carga aporta reducciones de costos que se aproximan al 40 %.

Figura 14.1. Modelos de cajas de madera.

Figura 14.2. Modelos de jaulas de madera.

4.4   Costos de transporte más embalaje

Se trata de estudiar la posibilidad de proteger los productos con embalajes que permitan el remonte de las cargas. Para ello, las opciones respecto a los tipos de embalaje son:

— Cajas de madera.
— Jaulas de madera.
— Tapas de madera.

Veamos este caso, basándonos en una expedición con las características siguientes:

— Se transportan 15 palés con 7.575 kg, a razón de 505 kg/palé.
— Los palés ocupan 7,50 metros lineales del camión (7,5 líneas de 1 m).
— Se aplica un ratio de 1.800 kg/m y resulta un peso de 13.500 kg.
— Se transportan 7.575 kg de peso real, pero se ocupa como si se transportaran 13.500 kg.
— El recargo por peso es del 78 % (13.500/7.575).
— El precio de transporte que aplica el transportista es de 1.360 €.
— El precio correspondiente a los 7.575 kg reales es de 937 €.
— El recargo por precio es de 423, es decir, del 45 % (1.360/937).

Donde la aplicación de cada elemento de embalaje sería:

• *Caja de madera* (1.000 × 1.200 × 1.000 mm) (véase la figura 14.1): 30 €/u. (con cerramiento total y tapa).

	Peso (kg)	Precio embalaje (€)	Precio transporte (€)	Transporte + embalaje (€)	Diferencia	
					Total (€)	%
Sin remontar 13 palés (situación actual)	13.500	–	1.360,69	1.360,69	–	–
Remontados 13 palés Cajas de madera	8.400	321,59 13 (30 – 5,32)	937	1.259	–101	– 7
Remontados 13 palés Jaulas de madera	8.400	273,46 (21 × 13)	937	1.211	–149	–11
Remontados 13 palés Tapas de madera	8.400	65,24 (5,02 × 13)	937	1.002	–357	–26

Tabla 14.4. Comparación de costos con diferentes tipos de embalaje.

Este sistema puede evitar el embalaje de cartón actual, con un costo de 2,66 €/caja.

Considerando que en cada palé se transportan dos cajas, representa una cantidad de 5,32 € a descontar sobre el precio de la caja de madera.

Esta alternativa tiene así un costo de 24,73 €/unidad (30 – 5,32 €).

- *Jaula de madera* (1.000 × 1.200 × 1.000 mm) (véase la figura 14.2): 21 €/u. (con cerramiento parcial y tapa).

  En este caso se debería mantener el embalaje de cartón.

- *Tapa de madera* (1.000 × 1.200 mm): 5,02 €/u.

  Con este sistema se pueden remontar las cargas, ya que se puede distribuir el peso de la carga del palé superior en el inferior.

En el ejemplo de la tabla 14.4 podemos analizar el impacto económico que resulta de utilizar los embalajes descritos para que las cargas sean remontables.

4.5 Ahorro en los costos

Si se aplica el porcentaje de ahorro según el tipo de embalaje, es posible estimar el ahorro que se puede obtener si para todos los envíos se utilizara ese sistema de embalaje (véase la tabla 14.5).

Modelo de embalaje	Ratio de ahorro (%)	Ahorro total (gasto anual × ratio de ahorro)
Caja de madera	7	30.794
Jaula de madera	11	48.391
Tapa de madera	26	114.379

Tabla 14.5. Proyección de ratios de ahorro

5   Conclusiones

Considerando que los embalajes no se recuperan, la reducción de costos de transporte por la aplicación de los nuevos modelos de embalaje que se han tratado en el caso que nos ocupa en este capítulo y en la proyección de la tabla 14.5 puede oscilar entre 30.050 y 114.192 €.

En el caso de que los embalajes se recuperaran, habría que añadir a la proyección anterior los beneficios del menor costo de embalajes (la misma caja se utiliza varias veces) e incluir los costos de transporte de la recuperación de los embalajes.

Capítulo 15

El plan director de transporte

En este capítulo abordaremos el caso de una compañía española fabricante de componentes y equipos electrónicos de alta tecnología que se propone evaluar su sistema de gestión del transporte (procedimientos, proveedores, plazos, precios, etc.) y estudiar posibles alternativas de mejora.

Sobre las alternativas que surjan pondrá en marcha un concurso de ofertas, así como una simulación económica de las ofertas de los distintos proveedores y el balance económico que ofrezca cada una de las alternativas que se analicen.

1   Antecedentes del caso

La documentación de que dispone la dirección de la empresa, correspondiente a las operaciones de un período de dos meses, refleja un movimiento de unas 25 operaciones diarias, es decir, unas 500 mensuales. Si a ello se añade la operativa física y administrativa de algunas de las operaciones (importación, exportación, movimientos entre factorías, entregas parciales, entregas directas desde otras plantas, etc.) y el cumplimiento de la legislación aduanera (aranceles, importaciones temporales, tráfico de perfeccionamiento, reparaciones, etc.), se deduce fácilmente que la complejidad de la gestión del transporte de la compañía es elevada.

Sobre la base de las expediciones realizadas durante dicho período, desde la perspectiva de los portes pagados por la compañía, las operaciones pueden clasificarse en los siguientes grupos:

- *Transporte nacional:* salidas y llegadas de clientes y proveedores.
- *Mensajería:* envíos de muestras comerciales, piezas de recambios, instrucciones, etcétera.
- *Transporte internacional:* envíos a clientes europeos por carretera y avión.
- *Movimientos entre factorías* de la compañía hacia o desde la fábrica de España.

OPERACIONES DEL PERÍODO ANALIZADO

Tipo de transporte	*Expediciones*	*Peso (kg)*	*Costo (€)*	*Precio medio (€/kg)*
Nacional (salidas y llegadas)	296	7.372	4.573	0,62
Carretera a Europa (exportaciones)	8	2.663	2.690	1,01
Aéreo a todo el mundo (exportaciones)	29	4.841	16.669	3,44
Aéreo de todo el mundo (importaciones)	53	6.351	42.482	6,69
Total	386	21.227	66.414	3,13

Tabla 15.1. Operaciones del período analizado.

2   Operaciones de transporte

Teniendo en cuenta los costos de transporte abonados a proveedores, se han generado las tablas 15.1 y 15.2, donde se recogen las operaciones de un período de referencia que permita hacer las comparaciones necesarias.

Para realizar la estimación anual de costos para estos tráficos, se ha aplicado un índice de extrapolación de 5,5 (véase la tabla 15.2).

3   Diagnóstico

Tras el análisis de la información, cabe destacar los siguientes aspectos:

- **Complejidad de la gestión de transporte**
  Las consecuencias derivadas se manifiestan en una estabilidad de proveedores durante largos períodos y una comodidad en la gestión de los envíos.

- **Ausencia de control y gestión de transporte**

  - Expediciones repetidas (mismo día-mismo cliente) en envíos nacionales.
  - Falta de planificación en los movimientos entre factorías (varios envíos a la semana hasta la fábrica de España desde las factorías de todo el mundo).
  - Falta de criterio en los envíos a países europeos mediante transporte aéreo o por carretera. En el ámbito europeo, los tránsitos aéreos se sitúan entre los dos y cuatro días y por carretera, entre los tres y cinco días. En el primer caso, las operaciones son aeropuerto a aeropuerto y, en el segundo, puerta a puerta. Las diferencias de costo entre unos y otros se ejemplifican en la tabla 15.3.

ESTIMACIÓN DE COSTO ANUAL

Grupo	*Expediciones*	*Peso (kg)*	*Costo (€)*	*Precio medio (€/kg)*
Nacional (salidas y llegadas)	1.628	40.546	25.151	0,62
Carretera a Europa (exportaciones)	44	14.646	14.797	1,01
Aéreo a todo el mundo (exportaciones)	160	26.625	91.680	3,44
Aéreo de todo el mundo (importaciones)	292	34.930	233.651	6,69
Total	2.124	116.747	365.279	3,13

Tabla 15.2. Estimación anual de operaciones.

- Ausencia de indicadores que informen sobre los costos de transporte y la evolución de esta variable.
- Costo de transporte elevado para la compañía, facilitado por una falta de presión en la cuenta de explotación y la inexistencia de contraste con proveedores alternativos.

4 Posibilidades de mejora

Las alternativas que es posible analizar pueden conducir a la obtención de mejoras del siguiente tipo:

- Reducir los costos de transporte por las siguientes vías:

  - Contraste de cotizaciones de servicios entre diversos proveedores mediante concursos de ofertas.
  - Gestión regular y consolidación de los tráficos entre factorías para que los envíos tengan una menor frecuencia y un mayor peso y volumen.

Ejemplo	*Peso/volumen (kg)*	*Destino*	*Importe (€)*		*Diferencia (%)*
			Aéreo	*Carretera*	
1	376	Glasgow	686,56	150	458
2	213	Frankfurt	675,60	120	563
3	290	Milán	948,13	75	1.264

Tabla 15.3. Diferencias de costo entre envíos por carretera y modo aéreo.

- Evitar los envíos triangulares, es decir, el transporte de mercancías que desde las factorías del grupo en otros países se envían a España para reexpedirlas a los clientes finales en cualquier parte del mundo. En el futuro, los envíos a los clientes serán directos.
- Establecimiento de un sistema de control y gestión del costo de transporte basado en una variable (€/kg) que determine la evolución del costo y establezca las medidas correctoras en caso de desviaciones.

- Ofrecer parte de la mejora de precios obtenida a los clientes sobre la base de condiciones de venta con mayor valor añadido, utilizando las reglas Incoterms CFR y DDP, especialmente para aquellos a los que se remite la mercancía en condiciones EXW, con las que se minimicen las gestiones que los clientes han de realizar y se reduzcan sus gastos de transporte.

5   Cuaderno de cargas para concurso de ofertas

Para el desarrollo de una de las alternativas de mejora, es necesario elaborar un documento que denominaremos «cuaderno de cargas», cuya función es contener las especificaciones de la operativa de tráficos. Este documento se debe entregar a las empresas que tengan interés en presentar cotizaciones de servicios de transporte.

En el siguiente apartado se presenta un modelo de cuaderno de cargas, si bien ha de tenerse en cuenta que cada empresa y cada proceso de selección de operadores de transporte ha de contener sus particularidades.

5.1   Modelo de «cuaderno de cargas»

Características de la empresa que solicita los servicios:

- Empresa fabricante de componentes y equipos electrónicos de alta tecnología.
- La compañía utiliza los servicios de transporte subcontratados en modalidades de grupaje y paquetería por carretera y aéreo en un ámbito nacional e internacional. En este último, las operaciones son de importación y exportación, y en nacional, salidas y llegadas.
- Los clientes consignatarios pueden ser fabricantes de equipos electrónicos, compañías de electricidad o instaladores especializados.

El concurso tiene por objeto el estudio de ofertas de subcontratación de transporte, de subcontratistas especializados en las siguientes modalidades:

a) Subcontratación de servicios de:

- Transporte nacional: España y Portugal, por carretera.
- Transporte internacional: Europa, por carretera.

b) Tránsitos internacionales de cobertura mundial para operaciones de importación y exportación por transporte aéreo.

c) El volumen de operaciones y el detalle de destinos se refleja en la tabla 15.4. Las mercancías generalmente están paletizadas con formato palé, caja o paquetería.

d) Los horarios de recogidas se establecerán según la compañía, los destinos y los plazos de servicio comprometidos.

e) Se utilizará un sistema de comunicaciones interactivo mediante el cual la empresa pueda comunicar la petición de cargas según se vayan recibiendo los pedidos y el transportista confirme la ejecución del servicio. Este sistema servirá también para conocer la trazabilidad de las expediciones y visualizar la situación de las mercancías a lo largo de la cadena de distribución.

Este concurso de ofertas pretende alcanzar los siguientes objetivos:

- Simplificar la gestión de transporte.
- Optimizar los costos de transporte.
- Incrementar el valor añadido para los clientes, ofreciendo los productos puestos a su disposición en destino y cargando en la factura el importe de los costos.

La planificación para el desarrollo del proyecto es:

1. Una vez entregadas las bases concursales se abrirá un período de consultas de 30 días. Junto con la documentación se entregará una base de datos de los movimientos de dos meses para que se apliquen los precios y las condiciones ofertadas y se cuantifiquen los resultados económicos de la propuesta tarifaria.

2. La entrega de propuestas deberá efectuarse a los 30 días.

3. Las propuestas recibidas se analizarán durante un mes, en el que se realizará una visita a las instalaciones del subcontratista para conocer su operativa.

4. La adjudicación se comunicará a lo largo del mes siguiente a la referida visita.

5. A partir de esa fecha se establecerá con el adjudicatario el proceso de implantación y las pruebas de pilotaje durante un período de un mes para comprobar que la calidad de servicio y la operativa son los comprometidos en el acuerdo.

6. La facturación será mensual por los servicios realizados.

7. Las tarifas de precios se estructurarán en €/kg según destino y tendrán un período de vigencia de un año.

El volumen de operaciones de la compañía se refleja en la tabla15.4.

6   Concursantes y resultado de las simulaciones

En el supuesto que nos ocupa, una vez entregada la documentación con la base de datos de las operaciones a varias empresas, de las ofertas recibidas se podrían haber seleccionado las siguientes:

– Para operaciones de transporte nacional (no urgente).
– Para operaciones de transporte internacional por carretera.
– Para operaciones de transporte internacional aéreo (importación y exportación).

6.1   *Transporte nacional*

En este capítulo se consideran las salidas y llegadas de proveedores y clientes en el ámbito de España, incluidos algunos envíos marítimos a las islas Canarias. También se han considerado los envíos a Portugal.

En este caso se ha seleccionado la oferta de la compañía A porque en la zona donde opera presta un servicio de 24 horas en el 85 % de los casos y el resto en 48 horas. Por

ESTIMACIÓN ANUAL DE OPERACIONES

Grupo	*Expediciones*	*Peso (kg)*
Transporte nacional (salidas y llegadas)	1.628	40.546
Europa, transporte por carretera (exportaciones)	44	14.646
Exportación (transporte aéreo a todo el mundo)	160	26.625
Importación (transporte aéreo de todo el mundo)	292	34.930

Tabla 15.4. Clasificación de las operaciones anuales.

Detalle de las operaciones				Proveedor actual			Proveedor B	
País	*Bultos*	*kg reales*	*Volumen*	*kg tasados*	*Portes (€)*	*Seguro (€)*	*Total (€)*	*Total portes (€)*	*Diferencia (€)*
Turquía	4	498	5,36	895	305	0	305	457	+152
Francia	3	32	0,19	32	206	0	206	32	–174
Italia	3	612	3,92	654	516	4,3	521	79	–442
Italia	2	364	2,56	427	514	4,3	518	79	–439
Francia	1	158	1,28	213	574	4,3	578	56	–522
Italia	1	16	0,05	16	198	0	198	32	–166
R. Unido	1	85	0,65	108	181	0	181	54	–127
R. Unido	2	200	1,89	315	181	0	181	54	–127
Totales	17	1.965	15,90	2.660	2.675	12,9	2.688	843	–1.845

Tabla 15.5. Operaciones y comparación de ofertas en tráficos con Europa.

otro lado, la cercanía de las instalaciones de esta compañía puede propiciar futuras soluciones logísticas (almacenaje, servicios especiales a medida, etc.).

En la base de datos de transporte nacional, el costo en los meses analizados ha sido de 4.573 €. Aplicando la oferta de este transportista sobre las mismas operaciones, el costo resultante es de 2.868 €, por lo que el ahorro generado en ese período es de 1.705 €, lo que representa una reducción de costos de un 37 %.

6.2 Transporte por carretera hacia Europa

Para los tráficos de carretera hacia y desde Europa se ha seleccionado a la compañía B, que opera desde España con instalaciones propias y con corresponsales en toda Europa.

Las operaciones del período analizado se transcriben en la tabla 15.5, así como la comparación de las ofertas.

El ahorro que aporta el nuevo proveedor B es del 69 %.

6.3 Exportaciones por transporte aéreo

Los costos de las exportaciones correspondientes al período de referencia ascienden a 16.669 €.

Aplicando a esos movimientos las tarifas del transportista C para las exportaciones entregadas en aeropuerto de destino, los resultados ascienden a 10.319 €.

En las tarifas aéreas recibidas existen dos opciones de compañías aéreas en cada país, con distintos plazos y distintos precios. Para el ejercicio de simulación se ha seleccionado la oferta más económica de las dos.

La diferencia asciende a 6.350 €, lo que representa un 38 % menos de costos para el período analizado.

6.4 *Importaciones por transporte aéreo*

Los costos de las importaciones correspondientes al período de referencia ascienden a 42.482 €.

Aplicando las tarifas del transportista C para las importaciones entregadas en aeropuerto de destino, los resultados ascienden a 29.067 €.

La diferencia es de 13.415 €, lo que significa una reducción de costos del 32 %.

7 Resultados y balance económico

Si se aplican al costo anual los porcentajes de ahorro estimados en cada modalidad, el resultado es el que se resume en la tabla 15.6.

8 Conclusiones

El ahorro que plantean las propuestas de los proveedores seleccionados es tan significativo que la compañía fabricante de componentes y equipos electrónicos decide que se tomen las medidas oportunas para iniciar cuanto antes la aplicación de un plan director de transporte.

Grupo	*Costo anual (€)*	*Previsión de ahorro (%)*	*Estimación anual de ahorro (€)*
Transporte nacional	30.000	37	11.100
Europa, transporte por carretera	15.000	69	10.350
Exportación (transporte aéreo a todo el mundo)	100.000	38	38.000
Importación (transporte aéreo de todo el mundo)	250.000	32	80.000
Total	395.000	35	139.450

Tabla 15.6. Costo anual y ahorro estimado para cada grupo.

Adicionalmente, todavía cabe considerar que la reducción de costos prevista se puede incrementar utilizando los siguientes recursos:

- Enviando las exportaciones a Europa por carretera en vez de utilizar el modo aéreo (los plazos son similares y las entregas se realizan puerta a puerta).
- Cambiando en los envíos a las islas Canarias el transporte aéreo por marítimo.
- Regularizando los movimientos entre factorías de diferentes países a un calendario preestablecido de operaciones en el que se consoliden los pedidos en uno solo.
- Enviando a clientes en régimen de envíos prepagados y cargando en la factura los costos más un porcentaje en concepto de gestión.

La decisión de la empresa para la implantación del nuevo sistema se orienta a:

- Empezar las pruebas de pilotaje con el transportista A para tráficos nacionales.
- Dar inicio a las pruebas con el transportista B en el transporte por carretera con Europa.
- Iniciar las pruebas con el transportista C para el transporte aéreo de importación y exportación.
- Preparar un sistema de control y gestión del transporte (€/kg) que permita conocer la evolución de las variables analizadas y las desviaciones que se producen sobre las expectativas.

Capítulo 16
Distribución con flota propia

1 Antecedentes del caso

Para abordar la problemática de la distribución mediante una flota propia de vehículos, abriremos un caso tomando como ejemplo una empresa ubicada en la zona norte de España.

La compañía está dedicada a la venta de productos de confección (sábanas, edredones, toallas, anoraks, etc.) e importa la totalidad de los productos que comercializa de Europa del Este, sur de Asia y Sudamérica.

Los tráficos con Europa se realizan por carretera en camión tráiler o por ferrocarril en contenedor, mientras que los de otras regiones más alejadas llegan por vía marítima.

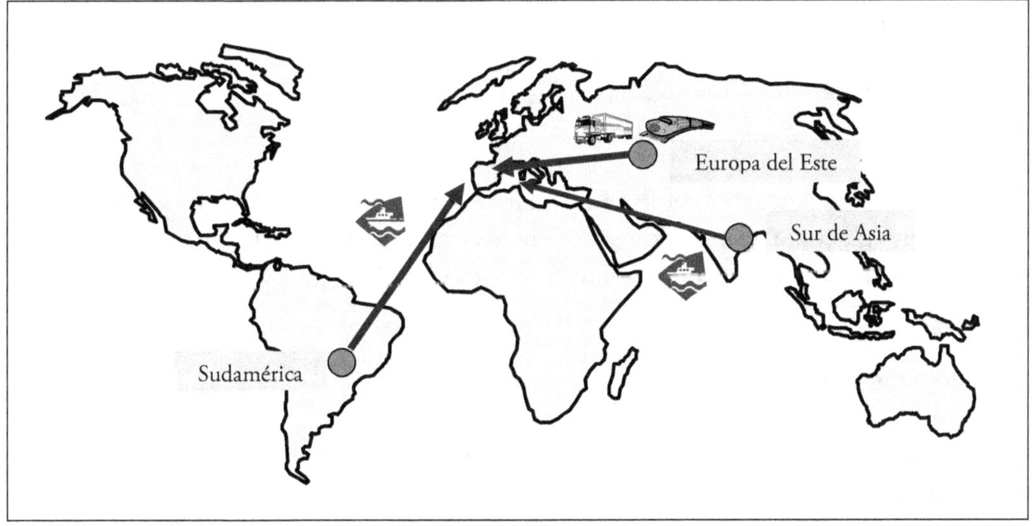

Figura 16.1. Tráficos y modos de transporte.

Para evitar la gestión y coordinación del transporte y las tramitaciones administrativas, se ha acordado con los proveedores que éstos realicen las entregas en el almacén de la compañía en Bilbao.

El almacén central está situado en esta ciudad vasca, desde donde se distribuye a clientes de la zona, minoristas, mayoristas y grandes superficies, mediante vehículos de reparto propios.

Las mercancías se presentan en cajas de varios tipos y medidas:

- Embalaje convencional en caja de cartón (toallas, sábanas, etc.).
- Cajas especiales para prendas colgadas (anoraks, batas, etc.).

Las ventas a lo largo del año no son regulares, ya que predominan los productos de acusada estacionalidad (confección), mientras que los de menaje siguen una tendencia más estable.

La empresa considera que la estructura de distribución que posee es muy costosa, por lo que quiere revisar si se justifica su sistema de distribución y estudiar las ventajas e inconvenientes de otras alternativas.

2   Situación actual

La operativa de la logística de distribución de la compañía puede resumirse en:

- *Propiedad de los vehículos:* flota propia.
- *Ámbito de cobertura:* regional.
- *Plazo de servicio:* semanal.
- *Tipo de cargas:* grupaje.
- *Disponibilidad de los vehículos:* exclusivo.
- *Propiedad de los almacenes:* propios.

La empresa dispone de una flota de cuatro vehículos, y los chóferes se dedican en exclusiva al reparto de los pedidos de los clientes, siguiendo las prioridades zonales que se describen en la figura 16.2.

2.1   Ruta de reparto

Cada vehículo cargado recorre una ruta, desde el punto de origen, visitando todos los puntos de reparto, hasta que vuelve al punto de origen.

En esa ruta existen una serie de variables que han de conocerse con el máximo detalle:

- Situación del centro de distribución.
- Situación de los puntos de reparto y su número.
- Frecuencia de los repartos.
- Volumen de la mercancía que se ha de repartir.
- Tiempo empleado en el reparto.

El plan de transporte de la compañía consiste en establecer cinco rutas de reparto para cada vehículo, una por cada día laborable, de manera que una vez por semana se realiza el servicio de distribución a todos los clientes de cada provincia.

En cambio, con las grandes superficies de la zona el compromiso de servicio es de 24 horas, motivo por el cual se designa un vehículo expresamente a realizar este servicio.

Se puede iniciar la valoración de la calidad y los costos del servicio mediante el cálculo de una serie de variables, como son:

a) Calidad del servicio

- *Frecuencia de servicio:* número de veces que se atiende la zona donde están los clientes.
- *Plazo de servicio:* período comprendido entre la emisión de un pedido por un cliente y la recepción de los materiales solicitados. En el caso de las provincias, el plazo es semanal y en las grandes superficies, de 24 horas.

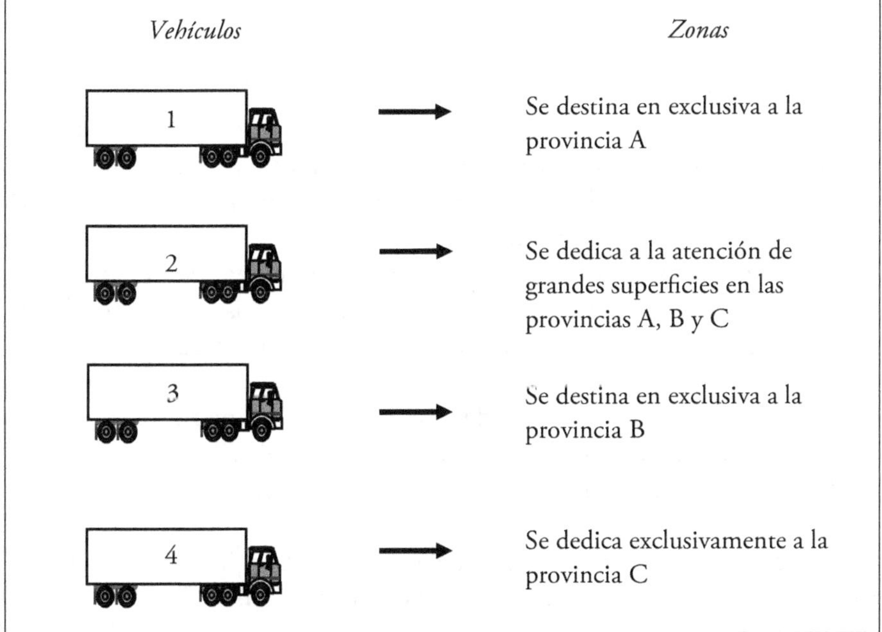

Figura 16.2. Dedicación zonal de cada vehículo de reparto.

<table>
<tr><th colspan="4" align="center">HOJA DE RUTA VEHÍCULO NÚMERO 1</th></tr>
<tr><td>*Día*</td><td>*Cliente*</td><td>*Bultos*</td><td>*Vol./ Peso*</td></tr>
<tr><td>1/2/12</td><td>Conf. Marias</td><td>7</td><td>0,3</td></tr>
<tr><td>1/2/12</td><td>Mayte</td><td>3</td><td>0,2</td></tr>
<tr><td>1/2/12</td><td>Sastrería Juan</td><td>7</td><td>1</td></tr>
<tr><td>1/2/12</td><td>Loymar</td><td>3</td><td>0,6</td></tr>
<tr><td>1/2/12</td><td>Modas Albufera</td><td>2</td><td>0,5</td></tr>
<tr><td>1/2/12</td><td>Santiago Zapiles</td><td>10</td><td>1,6</td></tr>
<tr><td>1/2/12</td><td>Modas Sagrario</td><td>5</td><td>0,7</td></tr>
<tr><td>1/2/12</td><td>Conf. Infantiles</td><td>1</td><td>0,2</td></tr>
<tr><td>1/2/12</td><td>Pinocho</td><td>4</td><td>0,75</td></tr>
<tr><td>1/2/12</td><td>Chicco</td><td>2</td><td>0,25</td></tr>
<tr><td>1/2/12</td><td>Almacenes Rivera</td><td>6</td><td>0,8</td></tr>
<tr><td>1/2/12</td><td>Moda Inglesa</td><td>7</td><td>1</td></tr>
<tr><td>1/2/12</td><td>Aquiles</td><td>3</td><td>0,5</td></tr>
<tr><td>Total</td><td>13</td><td>60</td><td>8,40</td></tr>
</table>

<table>
<tr><th colspan="4" align="center">HOJA DE RUTA VEHÍCULO NÚMERO 2</th></tr>
<tr><td>*Día*</td><td>*Cliente*</td><td>*Bultos*</td><td>*Vol./ Peso*</td></tr>
<tr><td>1/2/12</td><td>Eroski</td><td>10</td><td>2,25</td></tr>
<tr><td>1/2/12</td><td>Pryca</td><td>7</td><td>1,50</td></tr>
<tr><td>1/2/12</td><td>Eroski</td><td>14</td><td>1,8</td></tr>
<tr><td>1/2/12</td><td>Pryca</td><td>8</td><td>1</td></tr>
<tr><td>1/2/12</td><td>Sabeco</td><td>14</td><td>3</td></tr>
<tr><td>1/2/12</td><td>Eroski</td><td>5</td><td>1,80</td></tr>
<tr><td>1/2/12</td><td>El Corte Inglés</td><td>30</td><td>4,15</td></tr>
<tr><td>Total</td><td>7</td><td>88</td><td>15,50</td></tr>
</table>

Tablas 16.1 y 16.2. Modelos de hojas de ruta.

b) Costos del servicio

- *Volumen/peso de mercancía distribuida* (toneladas, palés, metros cúbicos, etc.): aparece en el diario de operaciones (hoja de ruta del vehículo) y resúmenes (evolutivos, mensuales y anuales).
- *Costos de transporte:* cociente entre los gastos totales y el volumen de mercancía distribuida. Los gastos totales están formados por los costos del vehículo (fijos y variables) y los del personal (conductores y repartidores).

Como se ha mencionado, el diario de operaciones es el instrumento que se utiliza para reflejar el volumen y el peso de la mercancía que se distribuye y está formado por las hojas de ruta diarias con los albaranes/expediciones que reparte cada vehículo en una jornada.

Por otra parte, en los resúmenes mensuales se deben reflejar los datos de dos meses concretos para apreciar la diferente estacionalidad entre ambos.

En los resúmenes mensuales de las tablas 16.3 y 16.4 se contrasta la capacidad de carga del vehículo y su nivel de aprovechamiento según el volumen de mercancías repartido. De este modo, es posible comparar y evaluar el nivel de ocupación de los vehículos en los dos períodos (véase la tabla 16.5).

La estacionalidad que se refleja entre los dos meses analizados indica un incremento del volumen del 50 %.

Para obtener una visión global, la tabla 16.6 refleja los movimientos de un año e indica también el nivel de ocupación medio de todos los meses.

En el ejemplo analizado, el nivel de ocupación medio mensual supone una ocupación de los vehículos del 46 % y, por tanto, un desaprovechamiento del 54 %.

FEBRERO

Capacidad vehículo	*26 m³*	*20 m³*	*16 m³*	*26 m³*	*88 m³*	*Rango de aprovechamiento*			
Fecha	*V 1*	*V 2*	*V 3*	*V 4*	*Total*	*0-25 m³*	*25-40 m³*	*40-50 m³*	*Más de 50 m³*
1/02/12	8,40	15,50	3,00	31,00	57,90				57,90
2/02/12	6,10	6,40	1,00	9,70	23,20	23,20			
3/02/12	7,10	11,20	14,00	21,30	53,60				53,60
4/02/12	6,40	9,10	4,10	31,20	50,80				50,80
7/02/12	2,30	3,60	0,60	6,30	12,80	12,80			
8/02/12	14,20	6,90	11,10	21,00	53,20				53,20
9/02/12	11,20	4,30	5,70	0,10	21,30	21,30			
10/02/12	4,30	7,60	23,40	0,60	35,90		35,90		
11/02/12	18,80	10,40	6,10	6,70	42,00			42,00	
14/02/12	11,10	8,20		9,30	28,60		28,60		
15/02/12	3,70	11,90	11,00	4,90	31,50		31,50		
16/02/12	10,20	2,60	6,30	7,40	26,50		26,50		
17/02/12	4,50	12,30	9,10	12,90	38,80		38,80		
18/02/12		17,80	6,10	12,40	36,30		36,30		
21/02/12	5,60	12,20	9,00	14,90	41,70			41,70	
22/02/12	9,60	6,10	16,30	11,80	43,80			43,80	
23/02/12	9,70	10,30	5,80	7,70	33,50		33,50		
24/02/12	17,40	5,20	12,50	21,50	56,60				56,60
25/02/12	10,20	5,00	3,30	11,00	29,50		29,50		
28/02/12	12,20	10,30	7,80	11,70	42,00			42,00	
Totales	173	176,90	156,20	253,40	759,50	3 días	8 días	4 días	5 días

Tabla 16.3. Resumen mensual con niveles de aprovechamiento de la capacidad de carga.

JUNIO

Capacidad vehículo	26 m³	20 m³	16 m³	26 m³	88 m³	Rango de aprovechamiento			
Fecha	V 1	V 2	V 3	V 4	Total	0-25 m³	25-40 m³	40-50 m³	Más de 50 m³
1/06/12	20,20	3,90	14,30	13,00	51,40				
2/06/12	11,80	5,00	4,70	10,70	32,20		32,20		
3/06/12	20,20	3,20	4,90	11,10	39,40		39,40		
6/06/12	6,90	5,50	2,90	14,30	29,60		29,60		
7/06/12	11,40	6,40	11,80	4,00	33,60		33,60		
8/06/12	9,40	0,10	8,10	6,20	23,80	23,80			
9/06/12	6,70	8,80	10,40	11,70	37,60		37,60		
10/06/12	10,50	8,10	14,40	12,70	45,70			45,70	
13/06/12	10,40	14,90	2,90	8,50	36,70		36,70		
14/06/12	10,40	0,40	8,20	6,80	25,80		25,80		
15/06/12	21,70	4,50	2,50	6,50	35,20		35,20		
16/06/12	19,30	16,30	14,60	13,20	63,40				63,40
17/06/12	25,00	14,80	21,10	12,50	73,40				73,40
20/06/12	8,60	5,50	2,20	0,30	16,60	16,60			
21/06/12	10,40	0,30	18,70	11,10	40,50			40,50	
22/06/12	20,40	21,50	20,30	8,40	70,60				70,60
23/06/12	20,90	10,40	21,70	17,10	70,10				70,10
24/06/12	18,30	11,30	13,80	25,40	68,80				68,80
27/06/12	19,90	16,10	18,00	25,70	79,70				79,70
28/06/12	36,50	16,10	59,80	19,40	134,00				134,00
29/06/12		12,20	23,80	12,20	48,20			48,20	
30/06/12	64,40	7,00	23,00	7,00	107,20				107,20
Total	383,30	203,60	322,10	257,80	1.163,50	2 días	8 días	3 días	9 días

Tabla 16.4. Resumen mensual con niveles de aprovechamiento de la capacidad de carga.

Mes	Ocupación media en metros cúbicos	Capacidad
Febrero	759,50 / 20 = 37,98 m³ ≈ 38 m³	43 % (38/88)
Junio	1.163,50 / 20 = 58,18 m³ ≈ 58 m³	66 % (58/88)

Tabla 16.5. Comparación entre los dos resúmenes mensuales analizados.

RESUMEN ANUAL

Capacidad vehículo	26 m³	20 m³	16 m³	26 m³	88 m³	Rango de aprovechamiento			
Fecha	V 1	V 2	V 3	V 4	Total	0-25 m³	25-40 m³	40-50 m³	Más de 50 m³
Enero	113,7	143,5	120	156,2	553,4	9	3	3	4
Febrero	173	176,90	156,20	253,40	759,5	3	8	4	5
Marzo	209	170,4	154,7	116,8	650,9	4	10	2	6
Abril	177	171,2	166,8	183,9	698,9	3	10	2	4
Mayo	238,3	163,6	250,8	196,8	849,5	6	9	3	5
Junio	383,3	203,6	322,1	257,8	1.163,5	2	8	3	9
Julio	320,7	242,3	324,6	308,5	1.196,7	–	3	5	14
Agosto	234,1	77,9	280,8	152,5	745,3	8	8	3	3
Septiembre	310,7	235,3	283,6	222,9	1.052,5	–	7	6	9
Octubre	163,5	145	248,3	202,4	759,2	2	11	5	2
Noviembre	136,8	169,3	165,4	198,7	670,2	6	10	4	1
Diciembre	124,7	173,8	204,1	128,6	631,2	4	8	4	2
Total	2.496,5	2.072,8	2.608,4	2.378,5	9.557	47 días	95 días	44 días	64 días
Promedio mes	208	172,7	217	198	809,8				
Promedio día	10,4	8,63	10,85	9,9	40,5				
Ocupación (%)	40	43	67,8	38	46				

Tabla 16.6. Nivel de ocupación medio anual.

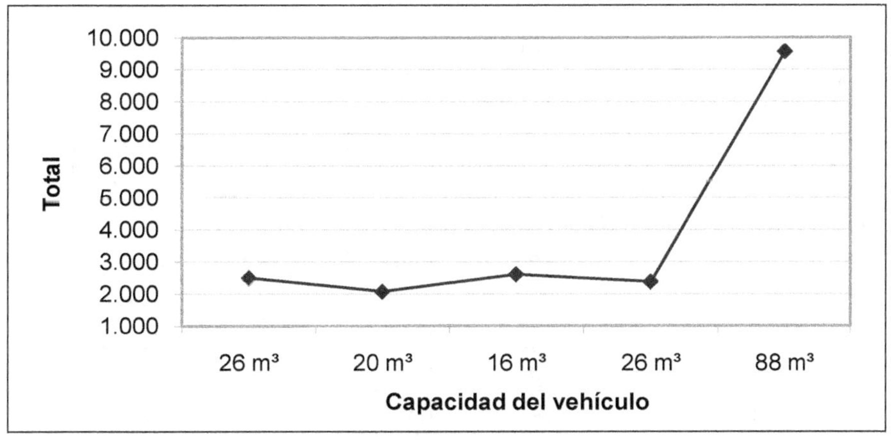

Figura 16.3. Gráfico del nivel de ocupación medio anual.

2.2 Costo de transporte (composición anual)

En la tabla 16.7 se puede apreciar un ejemplo de resumen anual de los costos de transporte generados por cada vehículo de reparto.

2.3 Análisis de los costos de reparto

Una vez que se conocen los costos de transporte anuales, es posible calcular el costo por número de unidades repartidas, por volumen, peso y cualquier otra variable de interés para la empresa (véase la tabla 16.8).

3 Diagnóstico

De los datos analizados en este caso es posible obtener algunas conclusiones negativas, como el plazo de servicio semanal y el elevado costo del transporte para la empresa.

COSTOS DE TRANSPORTE ANUALES (€)

Vehículo	V 1	V 2	V 3	V 4	Total
Gastos fijos vehículos					
Precio de compra	(25.243)	(22.538)	(19.533)	(27.046)	
Amortizaciones	2.524	2.254	1.953	2.705	9.436
Impuestos	288	212	135	288	923
Seguros	1.041	451	631	1.195	3.318
Sumas	3.853	2.917	2.719	4.188	13.677
Gastos variables vehículos					
Combustibles	2.740	2.075	2.317	2.558	9.690
Mantenimiento/reparaciones	1.237	1.055	1.355	927	4.574
Neumáticos	174	272	107	195	748
Varios	107	120	74	202	503
Sumas	4.258	3.522	3.853	3.882	15.515
Gastos de personal					
Salarios repartidores	11.092	12.296	11.889	14.734	50.011
Seguridad social	3.615	4.479	4.059	5.121	17.274
Dietas	929	1.087	965	1.292	4.273
Sumas	15.636	17.862	16.913	21.147	71.558
Total costo de reparto	23.747	24.301	23.485	29.217	100.750

Tabla 16.7. Costos generados por cada vehículo anualmente.

Vehículos	Sector	Expediciones	Volumen (m^3)	Costo por vehículo (€)	Costos $(€/m^3)$
1	Provincia A	4.637	2.497	23.748	9,5
2	Grandes superficies	5.345	2.073	24.301	11,72
3	Provincia B	4.082	2.608	23.486	9
4	Provincia C	4.243	2.379	29.217	12,28
Total		18.307	9.557	100.752	10,54

Tabla 16.8. Costos de reparto por zonas, expediciones y volumen.

Ante este diagnóstico, la dirección de la compañía decide pedir ofertas a operadores especializados que puedan mejorar el nivel de los servicios y los costos anuales.

Para ello se impulsa un concurso de ofertas que reúne las características siguientes:

– Se preselecciona a compañías que puedan aportar mejoras en los plazos de servicio (mayor frecuencia de repartos) y costos (distribución compartida).
– Se trata de operadores de transporte especializados en el canal de distribución, que es en el que opera la empresa.
– Una vez seleccionados los concursantes, se les facilita el «cuaderno de cargas» (datos de expediciones, volumen total, dispersión geográfica, condiciones de licitación y forma de adjudicación).

4   Balance económico de las alternativas

De entre los operadores de transporte a los que se ha remitido la información necesaria para cotizar los servicios solicitados, se han recibido las ofertas que se resumen en la tabla 16.9.

En todos los casos, el compromiso de servicio de reparto a las tres provincias es de 24 horas.

OFERTAS DE TRANSPORTE ($€/m^3$)

Ofertas	Transporte 1	Transporte 2	Transporte 3	Transporte 4
Provincia A	13,52	8,11	12,23	6
Grandes superficies	13,52	9,02	12,23	6,61
Provincia B	13,52	10,22	12,23	7,51
Provincia C	16,53	12,02	12,23	8,71

Tabla 16.9. Ofertas de servicios de los diferentes transportistas.

Rutas	Volumen m^3	Transporte 1	Transporte 2	Transporte 3	Transporte 4
Provincia A	2.497	33.766 €	20.260 €	30.540 €	15.007 €
Grandes superficies	2.073	28.033 €	18.688 €	25.354 €	13.705 €
Provincia B	2.608	35.267 €	26.646 €	31.897 €	19.593 €
Provincia C	2.379	39.320 €	28.596 €	29.097 €	20.471 €
Total	9.557	136.386 €	94.191 €	116.888 €	68.776 €
€/m^3		14,27 €/m^3	9,86 €/m^3	12,23 €/m^3	7,19 €/m^3

Tabla 16.10. Costo previsto de transporte para las diferentes ofertas.

Para valorar las ofertas recibidas es posible proyectar una simulación de resultados si a los metros cúbicos distribuidos por cada ruta se les aplica el precio ofertado por cada transportista. De este modo se obtendrá el costo total del transporte que puede preverse para cada proveedor (véase la tabla 16.10).

5   Contraste de alternativas

Para efectuar un análisis comparativo entre el servicio propio y subcontratado se debe seleccionar la mejor oferta de las recibidas (transporte 4) y compararla con los costos actuales (véase la tabla 16.11).

La alternativa de transporte subcontratado mejora los costos en un 31,45 %, iguala los plazos de servicio en grandes superficies y lo mejora en el resto de las zonas.

La decisión de la empresa es realizar una prueba piloto en una zona y comprobar si las condiciones de calidad de servicio y costo final son las acordadas con el proveedor.

Si los resultados son satisfactorios se podrá implantar el sistema en el resto de las zonas.

Provincias	Costo servicio propio (€)	Costo servicio subcontratado (€)	Diferencia (€)	Volumen (m^3)	Reducción de costos (€)
Provincia A	9,51	6	3,50	2.497	8.734
Grandes superficies	11,72	6,61	5,11	2.073	10.590
Provincia B	9	7,51	1,49	2.608	3.887
Provincia C	12,28	8,71	3,56	2.379	8.479
Total	10,54	7,19	3,32	9.557	31.690

Tabla 16.11. Comparación entre costos de servicio propio y subcontratado.

Con todo ello, la situación futura que puede preverse es:

- *Propiedad de los vehículos:* subcontratada.
- *Ámbito de cobertura:* regional/nacional.
- *Plazo de servicio:* 24 horas.
- *Tipo de cargas:* grupaje.
- *Disponibilidad de los vehículos:* compartida.
- *Propiedad de los almacenes:* propios.

6   Conclusiones

La subcontratación de servicios con operadores de transporte especializados en el canal de distribución le permite a la empresa:

- Mejorar el plazo de servicio en las rutas provinciales.
- Reducir los costos de explotación.
- Variabilizar los costos según las ventas de la compañía.
- Desprenderse de vehículos infrautilizados.
- Disponer de la posibilidad de ampliar el área de cobertura de las delegaciones a las provincias colindantes y a todo el territorio nacional sin aumentar la estructura fija.

Capítulo 17

Sistemas de transporte de ámbito nacional, continental y mundial

1   Antecedentes del caso

Los sistemas de transporte que adoptan las empresas han de estar diseñados, entre otros condicionantes, de acuerdo con el alcance de las operaciones. En este caso abordaremos la problemática de una empresa de distribución que desea realizar un análisis comparativo de los costos de transporte y distribución de sus productos en los ámbitos nacional (España), continental (Europa) y mundial (Asia y América), utilizando los modos de transporte por carretera, marítimo y aéreo.

2   Plan de transporte nacional: empresas de paquetería

Para el transporte nacional, se dispone de ofertas de servicios de transporte de paquetería con cobertura a toda la península ibérica con plazos de 24-48 h. En este ámbito de operaciones, el transporte aéreo no reduce los plazos de entrega y el transporte marítimo y ferroviario quedan descartados porque amplían el plazo de servicio.

2.1   Análisis de tarifas

Las modalidades elegidas para el análisis son:

- Transporte urgente, con entrega en 24 horas.
- Transporte convencional en servicios de 24 y 48 horas.
- Sistemas de reexpedición *(cross docking)*.

Este último sistema lo pueden utilizar aquellas compañías que realizan un elevado número de expediciones. La agrupación por destino les permite la contratación de vehículos de medio o gran tonelaje para realizar el transporte de larga distancia.

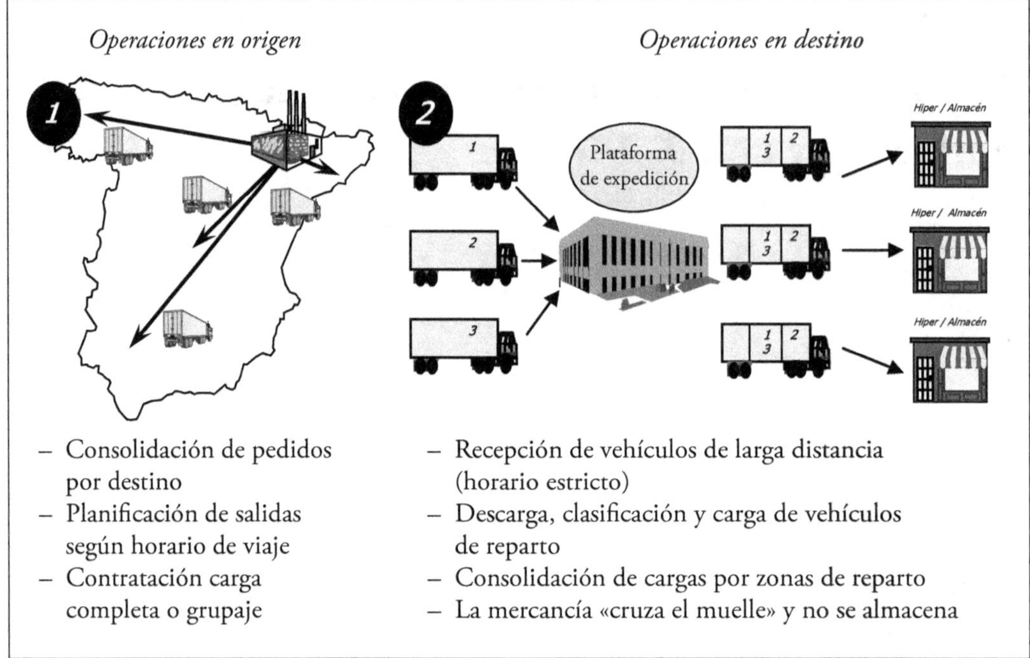

- Consolidación de pedidos
  por destino
- Planificación de salidas
  según horario de viaje
- Contratación carga
  completa o grupaje

- Recepción de vehículos de larga distancia
  (horario estricto)
- Descarga, clasificación y carga de vehículos
  de reparto
- Consolidación de cargas por zonas de reparto
- La mercancía «cruza el muelle» y no se almacena

Figura 17.1. Operaciones en origen y destino de un sistema de reexpedición.

Los sistemas de reexpedición se fundamentan en enlazar el transporte de larga distancia con la distribución, sin necesidad de realizar almacenajes intermedios. La estrategia se basa en sincronizar la llegada de los vehículos a las plataformas de salida de distribución y realizar una manipulación de trasvase de las mercancías de unos vehículos a otros (véase la figura 17.1).

Los costos asociados a un sistema de reexpedición, en el supuesto que nos ocupa, se configuran de acuerdo con las características siguientes (véase la tabla 17.1):

- *Tipo de transporte:* larga distancia (400 km).
- *Costo del viaje:* 0,9 €/km × 400 km = 360 €.
- *Aprovechamiento del espacio de carga:* 75 % por viaje (75 % × 22.400 kg) = 16.800 kg.
- *Costo por kg:* 360 €/16.800 = 0,02 €/kg.
- *Manipulación:* 12 €/t + 0,9 €/expedición (costo fijo).
- *Distribución capilar:* tarifa de reexpedición de paquetería hasta 100 km desde plataforma de distribución (ámbito regional).

Para obtener una visión global de los costos de distribución en el ámbito nacional, la tabla 17.2 resume los costos de cada una de las modalidades de transporte objeto de análisis.

Distancia (400 km)	Costo del transporte (larga distancia) (€)	Costo de manipulación (€)	Costo de distribución capilar (€)	Total (€)
5 kg	0,1 (0,02 × 5)	0,96	4,96	6,02
25 kg	0,5 (0,02 × 25)	1,2	7,39	9,09
50 kg	1	1,5	9,26	11,76
100 kg	2	2,1	13,1	17,21

Tabla 17.1. Costos asociados a un sistema de reexpedición (nacional).

3   Plataformas continentales: Europa

Para las estrategias de distribución a escala europea, los almacenes reguladores se ubican en las proximidades de Benelux (Bélgica, Países Bajos y Luxemburgo) debido a que desde esa zona, en un radio de 1.000 km, se concentra la mayoría de la población y la industria del continente.

3.1   Ejemplos de distribución en la Unión Europea

Desde el almacén regulador de Benelux, si la exigencia de los clientes se basa en servicios de 24 h para toda Europa, se debe utilizar el transporte aéreo con el incremento de costos que supone. Si los plazos se amplían hasta 48-72 h es posible contratar empresas de paquetería de ámbito europeo. Finalmente, si el volumen de mercancía llega a ser significativo, se puede utilizar un sistema de reexpedición que enlace el transporte de larga distancia con empresas de paquetería nacionales o regionales (véase la figura 17.2).

En un sistema de reexpedición, para minimizar los plazos de tránsito en distancias comprendidas entre 1.000 y 1.500 km, que un vehículo con un solo conductor tardaría

Distancia (400 km)	Urgente 24 horas* (€)	Paquetería 24-48 horas* (€)	Sistema de reexpedición (€)
5 kg	10,07	7,51	6,02
25 kg	22,53	15,96	9,09
50 kg	36,81	21,97	11,76
100 kg	51,80	32,60	17,21

*Costos basados en las tarifas generales de empresas de transporte nacionales. No incluyen cargos por reexpedición, recogidas ni seguros.

Tabla 17.2. Costos de transporte de paquetería (nacional).

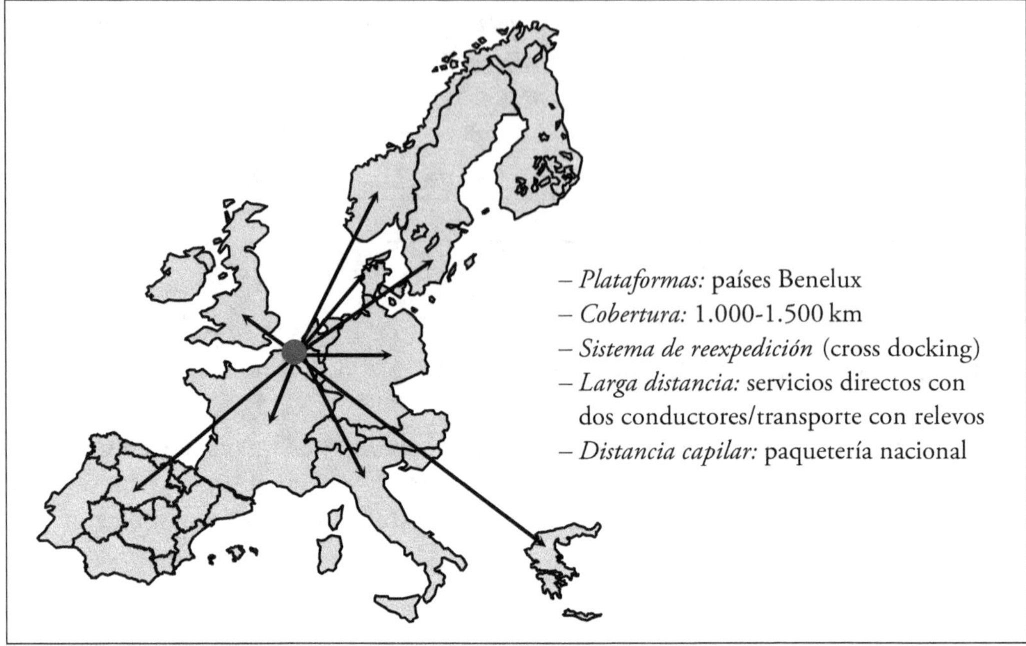

Figura 17.2. Ámbito de cobertura europeo.

dos días en realizar, se utilizan sistemas de doble conductor o relevos, para así reducir el tiempo de tránsito. Estos sistemas aportan las siguientes ventajas:

– Reducción de costos.
– Reducción de mercancía en tránsito.
– Seguridad.

La configuración de los costos de un sistema de reexpedición se compone de los elementos siguientes (véase la tabla 17.3):

– *Tipo de transporte:* larga distancia (1.000 km).
– *Costo del viaje:* 1,05 €/km × 1.000 km = 1.050 €.
– *Aprovechamiento del espacio de carga:* 75 % por viaje (75 % × 24.000 kg) = 18.000 kg.
– *Costo/kg:* 1.050 €/18.000 kg = 0,06 €/kg.
– *Manipulación:* 12 €/t + 0,9 €/expedición (costo fijo).
– *Distribución capilar:* tarifa de reexpedición de paquetería hasta 500 km desde plataforma de distribución (ámbito nacional).

Para analizar globalmente las distintas opciones de transporte de paquetería en el ámbito europeo, la tabla 17.4 resume los costos de cada una de las modalidades.

Distancia (1.000 km)	Costo del transporte (larga distancia) (€)	Costo de manipulación (€)	Costo de distribución capilar (€)	Total (€)
5 kg	0,29	0,96	7,51	8,77
25 kg	1,46	1,2	15,96	27,39
50 kg	2,92	1,5	21,97	26,39
100 kg	5,84	2,1	32,6	40,55

Tabla 17.3. Costos asociados a un sistema de reexpedición (Europa).

Como se puede observar, la comparación de costos indica que si existen volúmenes de mercancía que justifiquen la contratación de cargas completas hasta las plataformas de distribución, es posible poner en marcha sistemas de reexpedición que mejorarían sensiblemente los costos de transporte.

Si los volúmenes de pedidos no justifican la contratación de vehículos completos, no existe otra alternativa que utilizar los servicios de empresas de transporte de paquetería.

4   Distribución internacional: plataformas avanzadas

En el ámbito de las operaciones de transporte con América existen dos posibilidades: el transporte marítimo, que es económico pero lento, y el transporte aéreo, que es rápido pero caro. No obstante, también existe una alternativa intermedia, que denominamos plataformas avanzadas, y que consiste en enviar cargas completas (contenedores) por transporte marítimo y almacenar la mercancía en plataformas próximas a los países de destino, desde los cuales se puede realizar la distribución a los destinos finales.

En este caso, para simplificar, consideraremos la posibilidad de una plataforma avanzada situada en Houston (EEUU), para dar cobertura a todas las operaciones con el continente americano.

Distancia (1.000 km)	Urgente 24 h (aéreo) (€)	Paquetería 24-72 h (€)	Sistema de reexpedición (€)
1 kg	39,46	25,99	8,77
5 kg	110,34	25,99	8,77
10 kg	157,70	25,99	27,39
25 kg	240,73	34,76	27,39
100 kg	614,86	56,71	40,55

Tabla 17.4. Costos de transporte de paquetería (Europa).

Operación	*Detalle*	*Costo contenedor de 20 pies (€)*
Acarreo hasta puerto	Hasta 25 km	156,5
	Hasta 50 km	198,2
	Hasta 75 km	229,7
	Hasta 100 km	249,9
Manipulación puerto	Carga, descarga, etc.	114,2
Documentación	Conocimiento de embarque marítimo u otra	36,06
Tasas portuarias	Variable: entre 0,6 y 2,4 €/t	12,02
Despacho aduanas	Fijo: €/expedición	30,05

Tabla 17.5. Resumen de costos en el país de origen.

En las tablas de las páginas siguientes se resume el conjunto de factores y costos que intervienen en la valoración económica de la distribución en el ámbito internacional.

Los seguros son siempre una pieza clave de toda operación de transporte, pero cuando se trata de una operativa de ámbito internacional cobra especial importancia. Se debe tener en cuenta que dependiendo del país de destino, el tipo de mercancía, el transportista, etc., los seguros darán cobertura a estas operaciones con primas que oscilan entre el 0,5 y 1 ‰ del valor de la operación.

4.1   *Tarifas de exportación: costos en el país de origen*

Los costos que se han de considerar en el país de origen, también denominados gastos FOB, son los que se resumen en la tabla 17.5.

4.2   *Tarifas de exportación: costo de fletes marítimos*

Estos costos se denominan habitualmente gastos CIF, y su ejemplo se resume en la tabla 17.6.

Operación	*Detalle*	*Costo contenedor 20 pies (€)*
Transporte a Houston	Flete marítimo	1.200

Tabla 17.6. Ejemplo de costo de un flete marítimo.

Operación	Detalle	Costo contenedor 20 pies (€)	
Acarreos	Manipulación en puerto y traslado al almacén	225	
Almacenaje		Costo palé/mes (€)	
		8,20	
Preparación de pedidos	Pedidos de 2/3 cajas	Costo pedido (€)	
		2,50	
Grupaje desde plataforma Houston	*México*		*Toronto*	
	Plazo	*Precio*	*Plazo*	*Precio*
	6 días	15 €/t	7 días	25 €/t
Reparto en zona metropolitana $/expedición	*México*		*Toronto*	
	Peso	*Precio (€)*	*Peso*	*Precio (€)*
	Hasta 10 kg	16	Hasta 10 kg	20
	Hasta 20 kg	20	Hasta 20 kg	30
	Hasta 40 kg	40	Hasta 40 kg	45

Tabla 17.7. Resumen de costos de almacenaje y reexpedición en la plataforma de Houston.

4.3   Costos de almacenaje y reexpedición

Cuando la mercancía se desembarca en América, se transporta a un almacén donde permanecerá hasta que los clientes formulen los pedidos. Desde las plataformas avanzadas, la mercancía se redistribuye a los clientes de las zonas situadas en las regiones o países colindantes, para obtener unos costos más competitivos que si se realiza la distribución directa desde España.

4.4   Distribución mediante plataformas avanzadas

Considerando la información de las tablas 17.5, 17.6 y 17.7, y teniendo en cuenta que el peso neto de la mercancía transportada en un contenedor de 20 pies es de 10.900 kg, el costo por kilogramo de mercancía será el que se resume en la tabla 17.8, mientras que los costos de redistribución desde Houston se recogen en la tabla 17.9.

Sumando los conceptos anteriores de costo, se obtiene el resumen de la tabla 17.10.

4.5   Análisis comparativo plataformas avanzadas y courier

Para la distribución internacional desde un solo centro se utilizará un transporte *courier*/ aéreo y urgente para cubrir todo el mundo en plazos inferiores a 4-5 días.

Concepto	Detalle	Costo contenedor 20 pies (€/kg)
Acarreo origen	Zona de 100 km	0,02
Manipulación puerto	Carga y descarga	0,01
Trámites administrativos	Conocimiento de embarque, tasas portuarias, despachos, etc.	0,01
Flete marítimo	Transporte a Houston	0,11
Acarreo destino	Descarga y transporte hasta almacén	0,02
Almacenamiento y preparación de pedido	Para pedidos de 20 kg	0,58
	Subtotal	0,74

Tabla 17.8. Gastos que se originan desde la expedición en fábrica hasta el almacenaje y reexpedición en el almacén de Houston.

Concepto	Detalle	México	Toronto	Houston
Reexpedición	Agrup. pedidos a destino	0,02 €/kg	0,03 €/kg	0 €/kg
Reparto	En zona metropolitana	1,08 €/kg	1,62 €/kg	1,73 €/kg

Tabla 17.9. Gastos de redistribución desde Houston.

Concepto	Detalle	México	Toronto	Houston
Total €/kg	Precio expedición de 20 kg y contenedor de 20 pies	1,84 €/kg	2,39 €/kg	2,48 €/kg
Total €/expedición	Precio expedición de 20 kg y contenedor de 20 pies	36,84 €/exp.	47,88 €/exp.	49,5 €/exp.

Tabla 17.10. Resumen de los costos analizados en las tablas 17.8 y 17.9.

AMÉRICA

Variable	Detalle	México	Toronto	Houston
Plazo de servicio	Desde la recogida a la entrega	2 días	2 días	2 días

Tabla 17.11. Plazos de servicio courier *desde España.*

AMÉRICA

Variable	Detalle	México	Toronto	Houston
Precio	Hasta 10 kg	130,7 €	109,3 €	109,3 €
Precio	Hasta 20 kg	201,3 €	150,3 €	150,3 €
Precio	Hasta 40 kg	326,4 €	216,2 €	216,2 €

Tabla 17.12. Tarifas de servicio según modalidades.

Plazos América	México	Toronto	Houston
Mensajería internacional	2 días	2 días	2 días
Plataformas avanzadas	6 días	7 días	2 días

Tabla 17.13. Plazos de servicio según modalidades.

Precios América	México	Toronto	Houston
Mensajería internacional	201,3 €/exp.	150,3 €/exp.	150,3 €/exp.
Plataformas avanzadas	36,84 €/exp.	47,88 €/exp.	49,50 €/exp.

Tabla 17.14. Costos del servicio según modalidades.

En las tablas 17.11 a 17.14 se reflejan los costos y los plazos que representaría la distribución mediante mensajería de transporte aéreo y urgente.

Sobre su tarifa habitual se ha aplicado un descuento considerando el volumen de operaciones previstas.

Aun con descuentos elevados, los sistemas de mensajería internacional representan un costo significativo y, salvo que la mercancía tenga un elevado valor, es difícil justificarlo, por lo que con mucha frecuencia se utilizan los sistemas de plataformas.

Capítulo 18

Concentración de delegaciones

1   Antecedentes del caso

En este último capítulo se aborda la problemática de una empresa fabricante de productos químicos que distribuye sus productos mediante una red de dieciocho delegaciones, en las que dispone de almacenes desde donde atiende los pedidos de sus clientes.

Estas delegaciones se encuentran en España (doce delegaciones), Alemania (una), Francia (una), Bélgica (una), Luxemburgo (una) y Países Bajos (dos). La estrategia de distribución de la compañía consiste en situar las delegaciones a proximidad de los clientes para disponer de un servicio eficaz a la hora de atender sus necesidades.

Cada una de las doce delegaciones españolas cubre un radio de aproximadamente 100 km, dispone de un almacén con personal y cuenta con uno o dos vehículos para la distribución. El transporte de larga distancia se subcontrata con un operador especializado.

En este caso práctico se seleccionan cuatro de las doce delegaciones (en adelante, delegaciones 1, 2, 3 y 4), próximas entre ellas, y se analizan las operaciones, los costos y los resultados esperados, de modo que las conclusiones sean extrapolables al resto de los almacenes.

2   Situación actual

Los vehículos de distribución son propiedad de la empresa, tienen una cobertura provincial y distribuyen de manera descentralizada en un plazo de servicio semanal. La disponibilidad de los recursos de la empresa es exclusiva y los almacenes también son de su propiedad.

En la figura 18.1 se representa el diagrama de flujos y los costos que se añaden a lo largo del proceso de distribución.

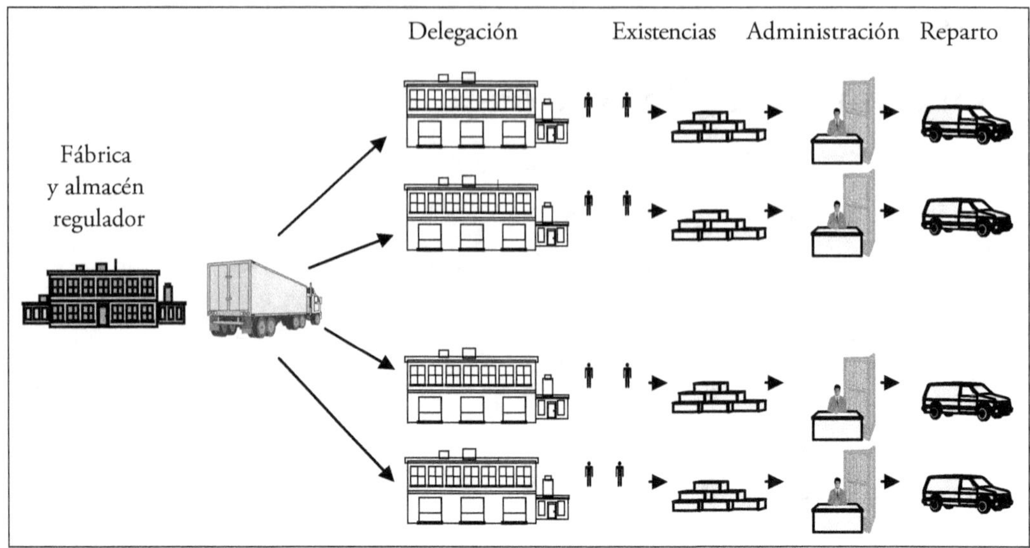

Figura 18.1. Esquema de operaciones.

Los datos y costos por operación son los siguientes:

- **Frecuencia y plazo de servicio**

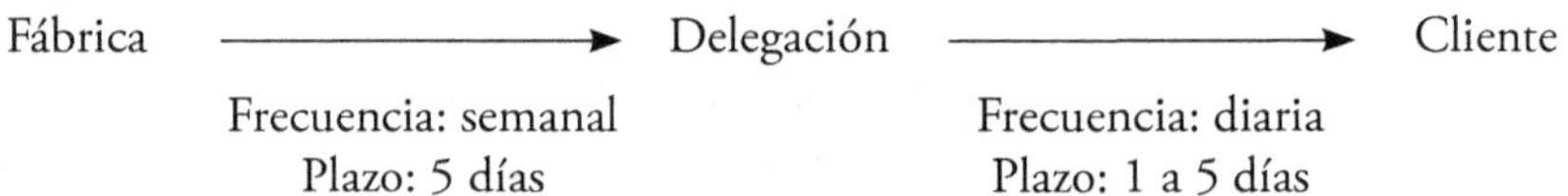

- **Volumen de operaciones o movimientos**
  En la tabla 18.1 se reflejan los movimientos mensuales en cada una de las delegaciones seleccionadas.

  Dado que las ventas son estables a lo largo de todo el año, para conocer el volumen anual se pueden multiplicar por doce las ventas mensuales (véase la tabla 18.2).

Concepto	*Delegación 1*	*Delegación 2*	*Delegación 3*	*Delegación 4*	*Total*
Albaranes	244	230	957	450	1.881
Kilogramos	35.000	61.000	80.000	40.000	216.000
Servicios de fábrica	4	4-5	4-6	4	16-19
Nivel de mercancía (kg)	76.000	105.000	110.000	60.000	351.000

Tabla 18.1. Movimientos mensuales por delegaciones.

Concepto	Delegación 1	Delegación 2	Delegación 3	Delegación 4	Total
Albaranes	2.928	2.760	11.484	5.400	22.572
Kilogramos	420.000	732.000	960.000	480.000	2.592.000

Tabla 18.2. Ventas anuales por delegaciones.

- **Instalaciones y personal**
  En la tabla 18.3 se reflejan los equipamientos y vehículos de que disponen las delegaciones objeto de estudio, y la tabla 18.4 detalla los recursos humanos que intervienen en su operativa.

- **Transporte de larga distancia**
  Este servicio está subcontratado. En el mismo viaje se combinan semanalmente las mercancías hacia las delegaciones 1 y 2, y en la otra ruta semanal, hacia las delegaciones 3 y 4.

3 Objetivos del proyecto

El objetivo de esta empresa fabricante de productos químicos es desarrollar un proyecto que permita:

- Mejorar el plazo de servicio al cliente (período comprendido entre la emisión del pedido y la recepción de la mercancía).
- Reducir el costo total de la distribución (suma del transporte, las existencias, el personal y los almacenes).
- Realizar el servicio a costos variables.

Recursos	Delegación 1	Delegación 2	Delegación 3	Delegación 4
Almacén (m²)	600	1.000	500	600
Estanterías	No	Sí	Sí	No
Vehículos de reparto	Camión 3.500 kg Furgoneta	Camión 3.500 kg Furgoneta	Camión 3.000 kg Autónomos*	Camión 3.000 kg Furgoneta
Medios de manutención	Transpalé	Carretilla	Carretilla	Transpalé

* La delegación 3 requiere los servicios de un transportista autónomo cuando no puede servir con su propio vehículo.

Tabla 18.3. Recursos técnicos por delegaciones.

Personal	Delegación 1	Delegación 2	Delegación 3	Delegación 4	Total
Responsable	1	1	1	1	4
Comercial	2	3	5	2	12
Administración-almacén	1	1	1	1	4
Reparto	1	1	2*	1	5
Total	5	6	9	5	25

* La delegación 3 requiere los servicios de un transportista autónomo cuando no puede servir con su propio vehículo.

Tabla 18.4. Recursos humanos que intervienen en la operativa.

4   Alternativas de mejora

Las alternativas de mejora que se toman como objeto de análisis son las siguientes:

- Concentrar varias delegaciones en una sola (delegación 2).
- Subcontratar los servicios en exclusiva.
- Subcontratar y compartir servicios.

En la tabla 18.6 se resumen esquemáticamente las posibilidades de mejora y la repercusión en los costos que representa cada alternativa.

En la estrategia de subcontratación en exclusiva, los costos son similares a los de la situación inicial, pero en vez de ser fijos son variables. Una vez descartada esta alternativa, el estudio se centra en la estrategia de concentración de las delegaciones en una sola.

Destino	Tarifa (€/t)	Ventas/kg	Costo total (€)
Delegación 1	24	420.000	10.096
Delegación 2	24	732.000	17.597
Delegación 3	32,5	960.000	31.152
Delegación 4	32,5	480.000	15.576
Total	28,3	2.592.000	73.224

Nota. Trayecto de la delegación 2 a la delegación 1: el precio base hasta la delegación 2 es de 19,53 €/t. El recorrido hasta la delegación 1 desde la delegación 2 (75 km) y el suplemento por reparto hacen que el precio ascienda a 24,04 €/viaje. Esto mismo ocurre en la otra ruta, en la que el precio a la delegación 3 se ve suplementado por el viaje a la delegación 4.

*Tabla 18.5. Volumen anual de mercancía transportada
de la fábrica a las delegaciones.*

ESTRATEGIAS DE DISTRIBUCIÓN

Sistema	*Actual*	*Posibilidades de mejora*		
	Propia	*Subcontratada exclusiva*	*Concentrada y exclusiva*	*Concentrada y compartida*
Transporte de larga distancia	Subcontratado (precio según kilómetros y reparto)	(=)	(–) Menos kilómetros	(=)
Almacén	Propio	(=)	(–) (–) Menos superficie Menos mercancía	(–) Compartición
Mercancía	Descentralizado	(=)	(–) (–) Concentración de almacenes Aumento de la frecuencia de transporte	(=)
Preparación de pedidos	Personal propio	(=)	(–) Concentración	(–) Compartición
Reparto	Personal y vehículos propios	(=)	(+) Aumento de la distancia	(–) Viaje compartido

(=): situación similar; (+): incremento de costos; (–): reducción de costos; (–) (–): reducción importante de costos.

Tabla 18.6. Resumen de las posibilidades de mejora en relación con los costos.

4.1 Concentración de las delegaciones

Debe tenerse en cuenta que de la opción de concentrar las cuatro delegaciones en una sola se derivan las siguientes consecuencias:

- La frecuencia de servicio desde la fábrica aumenta: pasa de uno a dos viajes por semana. Todas las mercancías se envían directamente a la única delegación, por lo que desaparecen los segundos repartos.
- Al reducirse los kilómetros de recorrido, disminuyen los costos de transporte de larga distancia.
- Aumentan los costos de reparto: dado que todos los envíos tienen su origen en una única delegación, la distancia para servir a las demás provincias es superior.

4.1.1 Costos del transporte de larga distancia

En la tabla 18.7 se muestra la evolución del costo del transporte de larga distancia al concentrar las cuatro delegaciones.

Destino	Tarifa actual (€/t)	Tarifa futura* (€/t)	Diferencia (€/t)	Ventas (kg)	Ahorro total (€)
Delegación 1	24	19,5	4,5	420.000	1.894
Delegación 2	24	19,5	4,5	732.000	3.301
Delegación 3	32,5	19,5	12,9	960.000	12.403
Delegación 4	32,5	19,5	12,9	480.000	6.202
Total	28,25	19,5	8,7	2.592.000	22.602

* Almacén concentrado en la delegación 2.

Tabla 18.7. Evolución del costo del transporte de larga distancia.

En la operativa de recepción de las mercancías, la concentración de las delegaciones genera menor gasto (22.602 €), lo que representa una reducción de costos de alrededor del 31 % (22.602 €/73.224 €).

4.1.2   Costos de almacén

Para calcular los costos de almacenamiento puede tomarse como referencia el costo de oportunidad del local (véase la tabla 18.8).

4.1.3   Costos del personal de almacén

Los costos del personal de almacén incluyen la gestión de la mercancía y los pedidos, la preparación de pedidos y la carga y descarga de los vehículos (véase la tabla 18.9).

COSTO DE OPORTUNIDAD DE LOS LOCALES

Concepto	Delegación 1	Delegación 2	Delegación 3	Delegación 4	Total
Superficie (m²)	600	1.000	500	600	
Precio (m²)	300	300	300	300	
Valor inmovilizado	180.000	300.000	150.000	180.000	810.000
Amortización 10 %	18.000	30.000	15.000	18.000	81.000
Ventas (kg)	420.000	732.000	960.000	480.000	2.592.000
Costo (€/kg)	0,04	0,04	0,02	0,04	0,03

Tabla 18.8. Cálculo de costos de almacén (en euros).

Personal	*Delegación 1*	*Delegación 2*	*Delegación 3*	*Delegación 4*	*Total*
Costo administración--almacén (€)	21.221	27.400	31.559	23.367	103.548
Ventas (kg)	420.000	732.000	960.000	480.000	2.592.000
Costo (€/kg)	0,05	0,04	0,03	0,05	0,04

Tabla 18.9. Cálculo de costos del personal de almacén.

4.1.4   Costos de los vehículos de reparto

Los costos de los vehículos de reparto comprenden la suma de los siguientes conceptos (véase la tabla 18.10):

- Gastos fijos de los vehículos (amortización, seguros, etc.).
- Gastos variables de los vehículos (combustible, neumáticos, reparaciones, etc.).
- Gastos fijos del personal (sueldos, seguridad social, etc.).

4.1.5   Costos de la mercancía

La valoración de la mercancía se basa en la estimación de los siguientes conceptos: costo financiero de inmovilización de recursos, riesgo de obsolescencia y administración y gestión, valorados en el 10 %.

La tabla 18.12 ofrece un resumen de los costos de las cuatro delegaciones.

4.2   Subcontratación de servicios logísticos

Para preseleccionar los operadores logísticos, la empresa establece unos requisitos sobre el servicio:

Reparto	*Delegación 1*	*Delegación 2*	*Delegación 3*	*Delegación 4*	*Total*
Costo de reparto (€)	28.487	30.056	40.057*	31.468	130.071
Ventas (kg)	420.000	732.000	960.000	480.000	2.592.000
Costo (€/kg)	0,07	0,04	0,04	0,07	0,05

* En la delegación 3, los costos comprenden los gastos propios más los gastos de la subcontratación, ya que esta delegación requiere los servicios de un transportista autónomo cuando no puede servir con su propio vehículo.

Tabla 18.10. Cálculo de costos de los vehículos de reparto.

Concepto	Delegación 1	Delegación 2	Delegación 3	Delegación 4	Total
Mercancía (promedio kg)	75.000	75.000	100.000	60.000	310.000
Valor de la mercancía	1,80	1,80	1,80	1,80	1,80
Total (valor de la mercancía)	135.000	135.000	180.000	108.000	558.000
Costos de la mercancía: 10 % anual	13.500	13.500	18.000	10.800	55.800
Ventas (kg)	420.000	732.000	960.000	480.000	2.592.000
Costo (€/kg)	0,03	0,02	0,02	0,02	0,02

Tabla 18.11. Resumen de costos (en euros).

- Instalaciones de almacenaje especiales para productos químicos.
- Servicios de preparación de pedidos.
- Transporte a las cuatro provincias con cobertura o plazo de servicio de 24-48 h.
- Cotización de precios competitiva.
- Propuestas de absorción de personal y medios excedentarios.
- Comunicaciones informatizadas.
- Ámbito de cobertura (España/Europa).

En la tabla 18.13 se muestran las cotizaciones de servicios de las ofertas de las empresas proveedoras A, B y C para cada una de las delegaciones.

Sobre la base de los movimientos previstos para el ejercicio actual, teniendo en cuenta que se parte de una estimación de ventas anuales de 2.592.000 kg, los costos finales de cada una de las ofertas seleccionadas quedan reflejados en la tabla 18.14.

Concepto	Delegación 1	Delegación 2	Delegación 3	Delegación 4	Total
Transporte de larga distancia	0,02	0,02	0,03	0,03	0,03
Almacenaje	0,04	0,04	0,02	0,04	0,04
Personal administrativo y de almacén	0,05	0,04	0,03	0,05	0,03
Reparto	0,07	0,04	0,04	0,07	0,06
Mercancía	0,03	0,02	0,02	0,02	0,02
Total (€/kg)	0,21	0,16	0,14	0,21	0,18
Ventas (kg)	420.000	732.000	960.000	480.000	2.592.000
Costo total	88.200	117.120	134.400	100.800	466.560

Tabla 18.12. Resumen global de costos (en euros).

Delegación 1	*A*	*B*	*C*
Almacenaje	0,005	0,009	0,012
Preparación de pedidos	0,007	0,009	0,006
Distribución	0,066	0,072	0,051
Costo total	0,078	0,090	0,069

Delegación 2	*A*	*B*	*C*
Almacenaje	0,005	0,009	0,012
Preparación de pedidos	0,007	0,009	0,006
Distribución	0,054	0,072	0,045
Costo total	0,066	0,090	0,063

Delegación 3	*A*	*B*	*C*
Almacenaje	0,005	0,009	0,012
Preparación de pedidos	0,007	0,009	0,006
Distribución	0,090	0,072	0,070
Costo total	0,102	0,090	0,088

Delegación 4	*A*	*B*	*C*
Almacenaje	0,005	0,009	0,012
Preparación de pedidos	0,007	0,009	0,006
Distribución	0,102	0,072	0,075
Costo total	0,114	0,090	0,093

Tabla 18.13. Ofertas de las empresas proveedoras para la subcontratación de servicios logísticos (en euros).

Para visualizar mejor las ofertas de las empresas preseleccionadas, conviene evaluarlas según los requerimientos establecidos en el concurso de ofertas, como se refleja en la tabla 18.15.

De la valoración de las ofertas recibidas se deduce que la empresa proveedora C es la más recomendable para subcontratar los servicios logísticos: propone la mejor oferta económica, con un precio medio de los servicios de 0,079 €, y es la que mayor número de personas absorbe.

Concepto	kg	A	B	C
Almacenaje	2.592.000	13.996 €	23.328 €	31.104 €
Preparación de pedidos	2.592.000	18.662 €	23.328 €	15.552 €
Transporte:	2.592.000	202.794 €	186.883,2 €	158.472 €
– Delegación 1	420.000	27.762 €	30.282 €	21.420 €
– Delegación 2	732.000	39.528 €	52.777,2 €	32.940 €
– Delegación 3	960.000	86.496 €	69.216 €	68.064 €
– Delegación 4	480.000	49.008 €	34.608 €	36.048 €
Gasto total (€)		235.453 €	233.539 €	205.128 €
Precio medio (gasto total/ventas anuales) (€)		0,090 €	0,090 €	0,079 €

Tabla 18.14. Costo global de las ofertas presentadas.

La comparación entre la situación actual y la futura en caso de subcontratar los servicios logísticos con dicha empresa se recoge en la tabla 18.16.

La diferencia de costos entre la situación actual y la futura se desglosa en la tabla 18.17. De su análisis se desprende que el nuevo modelo de distribución aporta a la compañía los siguientes beneficios:

- Reducción de costos de 0,042 €/kg, lo que significa un total para el ejercicio completo de 108.864 € (2.592.000 kg × 0,042 €/kg).
- Reducción de costos por la subcontratación de servicios logísticos del 25 % (0,042 €/kg / 0,168 €/kg).

Valoración de la oferta y cumplimiento de las bases	A	B	C
Transportistas especialistas en la zona	1	1	1
Instalaciones de almacenaje adaptadas al producto	1	1	1
Servicio de preparación de pedidos	1	1	1
Compromiso de plazo de servicio	1	1	1
Cotización de precios (puntuación según la oferta: 3, 2 o 1 puntos)	1	2	3
Absorción de personal (según el número de personas absorbidas)	3	2	4
Comunicaciones informatizadas	1	1	1
Ámbito de operaciones español y europeo	0	1	1
Valoración global	9	10	13

Tabla 18.15. Análisis comparativo de las ofertas recibidas.

Concepto	*Actual*	*Futuro*	*Observaciones*
Arrastre	Tráiler (semanal)	Tráiler (2/3 días)	Una sola entrega en la delegación 2
Personal administrativo	2	2	Atención al cliente
Personal de almacén	2	0	Subcontratado por el operador logístico
Reparto	5	0	Subcontratado por el operador logístico
Locales	2.500 m²	0	Almacén del operador logístico
Mercancía	320 t	160 t	Concentración y aumento de la frecuencia

Tabla 18.16. Comparación entre la situación actual y la futura en caso de subcontratar los servicios logísticos.

5   Conclusiones

A continuación se diferencia entre los casos en que la distancia entre las delegaciones es inferior a 100 km (lo que ocurre en España, así como en Países Bajos, Bélgica y Luxemburgo) y aquellos en que la distancia es superior (Francia y Alemania).

5.1   *Delegaciones en un radio de 100 km*

La concentración de las delegaciones y la subcontratación de los servicios logísticos no solo son posibles, sino que también ofrecen mejoras significativas en cascada en la calidad del servicio y en los costos operativos.

Concepto	*Actual: delegación propia (€)*	*Futuro: operador logístico (€)*	*Observaciones*
Transporte de larga distancia	0,028	0,019	Entrega concentrada
Personal administrativo (atención al cliente)	0,019	0,019	Se mantienen dos personas para la atención al cliente en general
Personal de almacén (preparación de pedidos)	0,019	0,006	Tarifas del operador logístico
Reparto	0,050	0,061	
Almacenaje	0,031	0,012	
Mercancía	0,021	0,010	Mercancía concentrada: 50 % de la situación anterior
Total	0,168	0,127	Diferencia: 0,042 €/kg

Tabla 18.17. Diferencia de costos entre la situación actual y la futura en caso de subcontratar los servicios logísticos.

A medida que se centralizan las operaciones, los costos de transporte aumentan, pero los demás se reducen (almacenaje, preparación de pedidos, existencias, etc.). Además, la subcontratación de los servicios logísticos permite a la empresa delegar la distribución a operadores especialistas y centrarse en la producción y la venta.

Una vez centralizada y subcontratada la distribución, puede valorarse la implantación de un sistema de reexpediciones (véase el capítulo 17) que permita enlazar el transporte de larga distancia con la distribución, lo que evita el almacenaje de existencias en la delegación.

En síntesis, la situación futura en caso de subcontratar los servicios logísticos implica:

– Vehículos subcontratados.
– Ámbito de cobertura regional.
– Plazo de servicio de 24 h.
– Distribución centralizada.
– Disponibilidad de medios compartida.
– Almacenes subcontratados.

5.2   Delegaciones en un radio superior a 100 km

En aquellos casos en que la distancia entre las delegaciones es superior a 100 km, la concentración no es recomendable. En tales circunstancias conviene optar por la subcontratación de los servicios logísticos e implantar posteriormente un sistema de reexpediciones (véase el capítulo 17), de manera que la empresa consolide los pedidos de sus clientes de Francia y Alemania para su transporte hasta los respectivos operadores logísticos encargados de la distribución final a dichas empresas.

**Cómo hacer de la cadena de suministro
un centro de valor**
Angel Caja Corral

Cadena de suministro 4.0
*Alberto Tundidor, Eva Hernández, Cristina Peña,
Javier Martínez, Javier Campos, Carlos Hernández*

El crédito documentario y el mensaje SWIFT
Luis Sánchez Cañizares

**La investigación en seguridad. Del Titanic
a la ingeniería de la resiliencia**
Jaime Rodrigo de Larrucea

Manual del comercio electrónico
Eva María Hernández Ramos, Luis Carlos Hernández Barrueco

**Sales and operations planning.
S&OP in 14 steps**
Cristina Peña Andrés

Economías transformadoras de Barcelona
Ruben Suriñach Padilla

**Planificación de ventas y operaciones.
S&OP en 14 claves**
Cristina Peña Andrés

Cómo participar en ferias comerciales
Cristina Peña Andrés

Manual de prevención de riesgos laborales
Blas Gómez

La economia social y solidaria en Barcelona
Ivan Miró, Anna Fernàndez

Negociación para el comercio internacional
Cristina Peña Andrés

Manual del manipulador de alimentos
Blas Gómez

La economía social y solidaria en Barcelona
Anna Fernàndez, Ivan Miró

Manual de seguridad en el trabajo
Marge Books

**Cómo innovar en las pymes.
Manual de mejora a través de la innovación**
Alberto Tundidor Díaz

**Guía documental para exportar e importar.
Los 12 documentos clave**
Alberto García Trius

**Mass customization.
Las claves de la personalización masiva**
Blas Gómez Gómez

**Crédito documentario. Guía para el éxito
en su gestión**
Cristina Peña Andrés, Amelia de Andrés Leal

Guía práctica de las reglas Incoterms® 2010
David Soler

**Certificación Lean Six Sigma Green Belt
para la excelencia en los negocios**
Lean Six Sigma Institute, SC

**Certificación Lean Six Sigma Yellow Belt
para la excelencia en los negocios**
Lean Six Sigma Institute, SC

**Negociación intercultural. Estrategias
y técnicas de negociación internacional**
Domingo Cabeza, Pelayo Corella, Carlos Jiménez

**Las reglas Incoterms® 2010. Manual para
usarlas con eficacia**
Alfonso Cabrera Cánovas

**Regímenes aduaneros económicos y procesos
logísticos en el comercio internacional**
Pedro Coll

**Inglés náutico normalizado para
las comunicaciones marítimas**
José Manuel Díaz Pérez

Shipping & Commercial Case Law
Albert Badia

Gestión medioambiental en la industria
José M.ª Suris

Gestión financiera del comercio internacional
Josep M.ª Casadejús

**Manual de gestión aduanera. Normativas
del comercio internacional y modelos
de integración económica**
Pedro Coll

Los abordajes en la mar
Carlos F. Salinas

**El desorden sanitario tiene cura.
Desde la seguridad del paciente hasta
la sostenibilidad del sistema sanitario
con la gestión por procesos**
Rajaram Govindarajan

**Gestión y liderazgo en una empresa
de seguros**
Simón Mahfoud y Digna Peña

València, 558 – 08026 Barcelona – Tel. +34-931 429 486 – marge@margebooks.com – www.margebooks.com